Inhoud

Introductie   8
Hoe het werkt   10

Week 1. Meditatie - Overdenken   14
Week 2. De Bijbel begrijpen   20
Week 3. Wie is God?   26
Week 4. Licht, Leven, Liefde   30
Week 5. Wie is de mens?   36
Week 6. Wat ging er mis?   40
Week 7. Het Wetssysteem   50
Week 8. Gods Strategie met de Wet   56
Week 9. De Perfecte Wet van de Vrijheid   62
Week 10. Vleeswording   66
Week 11. Jezus – Volledig God   72
Week 12. Jezus - Volledig mens   78
Week 13. Gods blijvende toewijding   84
Week 14. Allen – De reikwijdte van Gods liefde   88
Week 15. Iedereen – De focus van Zijn liefde   96
Week 16. Het Woord werd vlees   102
Week 17. Beelden van Verlossing   108
Week 18. Verzoening (at-one-ment)   118
Week 19. De Opstanding   124
Week 20. Het Opstandingsleven Nu   128

Week 21. Nieuwe Werkelijkheid 136
Week 22. Iemand aan Christus voorstellen 142
Week 23. Geloof 150
Week 24. De Vleeswording gaat door 160
Week 25. Ontdek een grote schat 166

WORD MADE FLESH - NEDERLANDS

De uiteindelijke bestemming van het Woord was nooit een boek, maar het beeld en de gelijkenis van God uitgedrukt in het menselijk leven!

Deze studiegids bij het geschreven Woord is ontworpen om te inspireren en begrip te ontbranden, zodanig dat het expressie vindt in ons leven: het Woord dat vleesgeworden is.

DOOR ANDRE RABE

© 2013 Andre Rabe. All rights reserved.
ISBN: 978-0-9563346-9-5
Published by Andre Rabe Publishing.

Vertaald door Word Made Flesh Team.
Redactie: Joke Brandner, Job Geuverink, Corine Venderbos & Fajari Bertels

Introductie

και ο λογος σαρξ εγενετο – kai ho Logos sarx ginomai - en het Woord is vlees geworden (Johannes 1:14)

Het woord 'geworden' is vertaald vanuit het Griekse woord 'ginomai'. Datzelfde basiswoord 'ginomai' wordt gebruikt in Hebreeën 4:3 waar staat dat God het werk voltooid heeft. In Jezus Christus heeft God zo'n volkomen en afdoende woord gesproken, dat Hij nog eeuwenlang de overtreffende grootsheid van Zijn goedheid jegens ons, in deze gebeurtenis zichtbaar geworden, zal blijven ontvouwen, zonder het onderwerp ooit uit te putten. (Efeze 2:7)

Er is een groeiende behoefte aan een cursus die het succes van wat Jezus heeft gedaan onomwonden vertelt. Velen vroegen: "… wij willen onszelf onderdompelen in deze boodschap; we hebben ook een manier nodig om anderen op een solide grondslag kennis te laten maken met deze openbaring van Gods liefde." Zo is deze cursus geboren.

In Kolossenzen 2:2 spreekt Paulus over 'de schatten van de wijsheid en de kennis' die afkomstig zijn van 'een zeker weten'…een zekerheid die ontstaat door begrip. Deze cursus is juist met het oog daarop gemaakt. Niet om studenten door een opeenstapeling van opinies te verwarren, maar om vrijmoedig de betekenis van Christus Jezus toe te lichten, in de volle zekerheid dat God Zijn gedachten in Christus bekend heeft gemaakt. (1 Korintiers 2:16)

Hoe het werkt

Hetzelfde Woord dat vlees werd in Christus verlangt in jou vlees te worden. Het wil zich tastbaar uitdrukken in jouw leven.

De uiteindelijke bestemming van het Woord was nooit een boek, maar het beeld en de gelijkenis van God weergegeven in het menselijk leven!

Deze studiegids bij het geschreven Woord is voor dít doel ontworpen: om inspiratie en begrip te doen ontvlammen die zich door onze levens zullen uitdrukken. Het Woord dat vlees wordt (in jou). De cursus is dan ook niet ontworpen om de studenten te overladen met informatie, maar om ieder te leren hoe hij/zij het ingeplante woord naar boven kan halen.

Zowel de inhoud als de methode van deze cursus beogen dit doel. De cursus bestaat uit 26 wekelijkse modules. Elke module heeft de volgende onderdelen:

De les:
Elke les is beknopt – kort en duidelijk.
In elke hoofdstuk vind je verwijzingen naar bijbelteksten.
Deze kun je gebruiken voor verdere studie. Het voordeel

van deze benadering is dat je in principe aan 10 minuten voor een les genoeg hebt, maar er desgewenst ook veel meer tijd aan kunt besteden.

Meditatie:

De kernles wordt gevolgd door een tekstgedeelte uit de Schrift om over te mediteren.

De eerste module in deze cursus gaat helemaal over meditatie en zal je helpen het maximale uit elke les te halen. Meditatie is - kort gezegd - een manier om elke dag met deze Schrifttekst bezig te zijn. Het helpt je om de tekst dagelijks in jezelf naar boven te halen, op te wekken en jezelf eraan te herinneren. Misschien kun je de tekst uit je hoofd leren en de tijd nemen om gewoon maar stil te zijn en hem tot je te laten spreken.

Bevestiging:

Na het stukje over meditatie komt de bevestiging. Ik zou je willen aanmoedigen om deze hardop uit te spreken. De bevestiging is in wezen een conclusie die volgt uit de les.

Gesprek:

Het werkt het beste als een kleine groep mensen samen het materiaal doorwerkt. Het onderdeel 'Gesprek' biedt een paar vragen aan om het gesprek richting te geven. Welbeschouwd zal het vleesgeworden Woord een levenslang gesprek doen ontbranden!

Opdracht:

Het opschrijven van onze gedachten levert voor onszelf de grootste voordelen op, maar ook anderen kunnen er profijt van hebben. Door van het schrijven een gewoonte te maken zal het al snel het fijnste onderdeel van de cursus worden.

Vele studies hebben aangetoond dat het heel nuttig is om je gedachten eerst op te schrijven voordat je ze met elkaar bespreekt!

(Je kunt overwegen de online cursus te doen. Er zijn live discussies en de opdrachten worden van constructief commentaar voorzien. Alleen in het Engels)

Week 1
Meditatie – Overdenken

'Ik denk in de nacht aan mijn lied; ik peins in mijn hart en mijn geest onderzoekt:
Ik zal al Uw werk overdenken en mijmeren over Uw daden.'
(Ps. 77:7, 13, vertaling uit Engels)

'Tenslotte, broeders en zusters, alles wat waar is, alles wat edel is, alles wat rechtvaardig is, alles wat zuiver is, alles wat lieflijk is, alles wat eervol is, kortom alles wat deugdzaam is en lof verdient, denk aan die dingen.'
(Fil. 4:8)

Het woord 'meditatie' roept allerlei beelden en begrippen op. Maar zoals het wordt onderwezen in de Bijbel is meditatie zowel eenvoudig als krachtig.

In veel geloofssystemen is mediteren erop gericht je hoofd leeg te maken. Meditatie zoals beschreven in de Bijbel heeft echter een duidelijke focus.

Er zijn veel dingen die om onze aandacht strijden, maar slechts enkele zijn die waard. Jezus heeft ons geleerd dat bezorgdheid, angst en de zorgen van deze wereld het leven en de blijdschap waar we voor geschapen zijn kunnen verstikken. Zijn advies is duidelijk: bedenk hoe je hemelse Vader jou ziet!

'Als God zoveel aandacht schenkt aan het uiterlijk van wilde bloemen – waarvan de meesten niet eens gezien worden – zou Hij dan niet juist ook voor jou zorgen, trots op je zijn en Zijn best voor je doen? Wat ik met deze uitspraak graag zou willen bereiken, is dat je je ontspant, dat je niet steeds zo bezig bent met 'krijgen' maar met Gods gaven.

Mensen die God niet kennen maken zich druk over hoe ze dingen kunnen krijgen, maar jullie kennen God en weten ook hoe Hij werkt. Dompel je leven onder in God-werkelijkheid, God-initiatief, God-voorzienigheid.'

(Mat. 6:30-33 vertaling uit het Engels, The Message Bible)

Voor een deel bestaat mediteren dus uit het bewust uitsluiten van sommige gedachten. Gedachten die je afleiden van Gods gedachten over jou.[1] Praktisch kun je dat doen door bewust aan iets anders te denken. In plaats van je zorgen te maken over voedsel, kun je naar de vogels kijken en bedenken hoe je Vader hen voedt. In plaats van je zorgen te maken over je kleding, kun je naar de bloemen op het veld kijken en bedenken hoe je Vader ze kleedt.

Meditatie is niet beperkt tot alleen maar stille gedachten. Het idee van tegen jezelf spreken, in jezelf mompelen, is er zeker ook deel van.[2] Het zou natuurlijk goed zijn als je een

---
1 1 Kor. 2:2
2 Kol. 3:16; Ef. 5:19

rustige plek hebt waar je kunt mediteren, maar de meeste mensen hebben het druk en hebben weinig tijd. Meditatie hoeft niet beperkt te zijn tot rustige momenten in je eentje. Bij iedere activiteit kun je Bijbelteksten opzeggen in jezelf; en je kunt jezelf op allerlei momenten herinneren aan Zijn gedachten over jou.

Paulus maande ons doorlopend te bidden, zonder ophouden.[3] Deze vorm van gebed is zoveel meer dan ritueel gebed; het is een je voortdurend bewust zijn van Zijn aanwezigheid.

Tijd nemen om alleen te zijn en al je aandacht op Hem te richten is altijd waardevol, maar beperk je bewustzijn van Hem nooit tot alleen die momenten.

Er is een groot verschil tussen iemand informatie opdringen en kennis uit iemand naar boven laten komen. Verrassend genoeg was de houding van alle nieuwtestamentische schrijvers om hun publiek te leren hoe zij tot het ingeplante woord toegang konden krijgen. Niet om hun publiek informatie te verschaffen, maar om die reeds aanwezige 'kennis' naar boven te halen.

Paulus schreef eens dat alle schatten van wijsheid en kennis verborgen zijn in Christus.[4] En Christus is in jou.

---

3   1 Tess. 5:17
4   Kol. 2:3

Ergens anders schrijft hij dat we 'in elk opzicht rijk zijn geworden, in alle kennis en het vermogen die uit te spreken'.5

Johannes deed in 1 Joh. 2:20 de opvallende uitspraak: "U weet alle dingen. Ik heb u niet geschreven omdat u de waarheid niet kent, maar juist omdat u die kent." Hij schreef niet omdat hij iets wist wat zij niet wisten, maar om de kennis die in hen was 'aan het licht te brengen'.

Petrus zei het zo: "Daarom zal ik niet nalaten u altijd aan deze dingen te herinneren, hoewel u ze weet en in de waarheid, die bij u is, versterkt bent. En ik acht het juist, zolang ik in deze tent ben, u op te wekken door de herinnering hieraan." (2 Petr. 1:12,13)

Kun je zien wat zij begrepen? Er is een rijke bron aan nog onaangesproken begrip in de mens.
We zijn geroepen om dat naar boven te brengen, om onszelf en de wereld te herinneren aan wat we van binnen al weten.

De cursus biedt iedere week één Bijbeltekst om over te mediteren. De rijkdom en de diepte die verborgen is in deze woorden is onuitputtelijk. Het zal niet moeilijk zijn om ze uit je hoofd te leren en ze op die manier altijd paraat te hebben, erover na te denken en Zijn Geest licht te laten werpen op de betekenis ervan.

---

5   1 Kor. 1:5

Meditatie:

'In plaats daarvan is zijn vreugde in de instructies van de Heer,
En hij overdenkt ze dag en nacht.
Hij is als een boom geplant aan stromen van water
Die op tijd vrucht draagt en zijn bladeren verdorren niet
Alles wat hij doet komt tot bloei en slaagt.'
(Ps. 1: 2-3, vert. Holmans)

Bevestiging:

Ik vind vreugde in het Woord van mijn Heer.
Hij boeit mijn gedachten dag en nacht.
Uit Zijn onbegrensde bron voed ik mij voortdurend.

Gesprek:

- Bespreek de praktijk van overdenken/mediteren.
- Hoe kun je meditatie een deel van je dagelijks leven maken?

Opdracht:

Schrijf een kort stukje over 1 Johannes 2:20,21. Laat zien dat je al een grenzeloze bron van openbaring en kennis binnen in je hebt, en onderzoek de manieren waarop dit naar buiten kan komen!

Week 2
De Bijbel begrijpen

(door Francois du Toit)

De Bijbel is een gevaarlijk boek. Er zijn meer mensen door in verwarring gebracht en verdeeld geraakt dan welk ander boek ook. Toch blijft de diepgaande en eenvoudige boodschap de levens van talloze mannen en vrouwen, van welke leeftijd of uit welke cultuur ook, aanspreken, overrompelen en transformeren. Het is nog steeds het best verkochte boek ter wereld.

Als het zo'n gevaarlijk geschrift is, hoe ga je er dan mee om? Wat is de sleutel om de geheime boodschap ervan te ontcijferen?
Het liefdesverhaal aller tijden wordt erin onthuld. Het hart van de Geliefde, onze Maker is verborgen in de schrift en wordt aan het licht gebracht op de bladzijden van dit boek. Hij zegt in Jesaja 65:1: "Ik was klaar om gevonden te worden door hen die Mij niet zochten. Ik zei: 'Hier ben Ik, hier ben Ik.'"

Waarom zou God zich met de mens willen bezighouden?
Omdat de mens in God begon.
De mens is het meest geweldige idee dat God ooit had.
Niet onze korte geschiedenis op aarde maakt dat God ons

kent. Hij heeft ons altijd gekend. God kende je al voordat hij je vormde in de buik van je moeder.1

De Bijbel verhaalt hoe de onzichtbare Maker van het universum Zijn beeld en gelijkenis tot uitdrukking bracht in menselijk leven. Toen God Zich een beeld van jou vormde, dacht Hij over jou op dezelfde manier als over Zichzelf; een wezen wiens intieme vriendschap Hem zou boeien tot in eeuwigheid. De mens zou deel uitmaken van Zijn drie-enige eenheid.

Jezus zegt in Joh. 10:30: "Ik en de Vader zijn één." En opnieuw in Joh. 14:20: "Op die dag zult u inzien dat Ik in Mijn Vader ben, en u in Mij, en Ik in u." God vond ons in Christus voordat Hij ons verloor in Adam. Hij verenigde ons in Christus vóór de grondlegging van de wereld.2
Hij heeft ons altijd gekend; en nu nodigt Hij ons uit om onszelf te kennen in Christus zoals we altijd al gekend zijn.3

Jezus Christus is de context en betekenis van de Schrift. De Bijbel gaat over Zijn werk van het verlossen van Gods beeld en gelijkenis in de mens.4 De hele Bijbel gaat over Jezus, en wat over Jezus gaat, gaat over jou. Daarom is de Bijbel het belangrijkste boek.
<u>In eerste instantie laat de profetische schaduw van het</u>

---

1   Jer. 1:5
2   Ef. 1:4
3   1 Kor. 13:12
4   Kol. 1:13-15

Oude Testament ons kennismaken met de Belofte. Hij is de Messias Christus, het vleesgeworden Woord. Hij vertegenwoordigt het hele menselijke ras. In Gods economie weerspiegelt Jezus de mensheid. De droom van Gods hart verwezenlijkt in de verlossing van de mens; in één mens, door één rechtvaardige daad, in één offer Rom. 5:18. De uitkomst is duidelijk: er was maar één overtreding nodig om de mensheid te veroordelen; één rechtvaardige daad verklaart diezelfde mensheid onschuldig.

Als Jezus zich bij de twee verwarde discipelen voegt, die op de weg terug zijn vanuit Jeruzalem, stelt Hij Zichzelf aan hen voor door het oog van de Schrift. 'En Hij begon bij Mozes en al de profeten en legde hun uit wat in al de schriften over Hem geschreven was.' (Luc. 24:27) En in Luc. 24:44,45 doet Hij hetzelfde als Hij verschijnt aan de discipelen: 'Hij zei tot hen: "Dit zijn de woorden die Ik tot u sprak toen Ik nog bij u was, dat alles vervuld moest worden wat over Mij gescheven staat in de Wet van Mozes en in de Profeten en in de Psalmen." Toen opende Hij hun verstand zodat ze de Schriften begrepen.'

Het was niet de bedoeling dat de Logos opgesloten zou worden in een boek of een leer, maar vastgelegd en onthuld zou worden in het menselijk leven! Het menselijk leven is de duidelijkste stem van de Schrift. Jezus is Gods taal, de mensheid Zijn gehoor. (Hebr. 1:1-3)

IJverig onderzoek en studie is niet de sleutel om de Schrift te begrijpen. Jezus zegt: "U bestudeert de Schriften en u denkt daardoor eeuwig leven te hebben. Welnu, de Schriften getuigen over mij, maar bij mij wilt u niet komen om leven te ontvangen." (Joh 5:39,40 DNB) In de Message vertaling staat het zo: "U zit constant met uw hoofden in de Bijbel omdat u denkt dat u daar eeuwig leven zult vinden. Maar u ziet door de bomen het bos niet meer. Deze Schriften gaan allemaal over Mij." (Joh. 5:39) Jezus is de context van de Schrift. (Jes. 53:4, 5)

Lang voordat de eerste Schriftregel
geschreven werd op een papyrus rol,
bestond het Woord, ongeschreven,
als de geest van God.

Vóór de boeken verzameld waren
en samengevoegd als heilige tekst,
was het Woord, de eeuwen die zouden komen,
aan het plannen en ordenen: ontastbaar, onzichtbaar.

Dit Woord is van vóór de Bijbel
Dit Woord is van vóór de schepping,
Dit Woord is levend en actief
En spreekt vandaag nog steeds!   (Andre Rabe)

MEDITATIE:

"U zit constant met uw hoofd in de Bijbel omdat u denkt dat u daarin eeuwig leven zult vinden. Maar u ziet door de bomen het bos niet meer. Deze schriften gaan allemaal over Mij!"
Joh. 5:39 (Message Vertaling)

BEVESTIGING:

De teksten in de Bijbel wijzen naar een grotere werkelijkheid dan zijzelf: Christus in mij!

GESPREK:

- Bespreek het Woord dat was in het begin, vóór de Bijbel.
- Wat is de waarde van de Bijbel?
- Waar wijst de Bijbel naar toe?

OPDRACHT:

Schrijf een kort stukje over de bestemming van het Woord. Beschrijf in die context ook de waarde van de Bijbel en de sleutel tot het begrijpen ervan.

WEEK 3
WIE IS GOD?

Vóór de schepping, vóór tijd en ruimte, is God.
Lang voor de wetenschap bevestigde dat het universum een begin heeft en dat tijd gerelateerd is aan ruimte, sprak de Schrift over een dimensie die tijd en ruimte te boven gaat.[1] Hij is de enige Schepper door wie alle dingen zijn en door wie het blijft bestaan.[2] Er zijn diepten en geheimenissen in God die ver uitstijgen boven alles waar we mee bekend zijn in dit geschapen rijk. Deze geheimenissen zouden voor eeuwig bedekt gebleven zijn als Hij het initiatief niet had genomen om Zichzelf te openbaren. De God die ons voorstellingsvermogen ver te boven gaat, heeft Zichzelf geopenbaard in de persoon van Christus Jezus.[3]

God is Eén, en toch meer dan één. Eén, omdat er in Hem geen verwarring, geen tegenstrijdigheid, geen wedijver en geen tegengestelde eigenschappen zijn.[4] 'Meer dan één' omdat Hij liefde is, en liefde vanuit haar aard niet op zichzelf alleen staand kan bestaan, maar in relatie.[5] Deze relatie in God wordt vaak beschreven als Vader, Zoon en Geest: God is in essentie een liefdesverhouding.[6]

1	2 Tim.1:9
2	Joh. 1:1-5; 1 Kor. 8:6
3	Joh.1:18; 1 Kor.2:16; 1 Joh.5:20
4	1 Kor. 14:33; 1 Joh.1:5; Jak. 1:17
5	1 Joh. 4:8,9
6	Joh. 14:16,17

Als we begrijpen dat God liefde is, dan geeft dat ons inzicht in de motivatie achter heel de schepping. God verveelde Zich niet, was niet alleen of behoeftig. Doordat liefde overstroomde, door de levendige, dynamische uitwisseling tussen deze God-eenheid, werd het idee van de mens geboren.[7] Zijn droom was het om deze intimiteit uit te breiden, zonder de kwaliteit ervan aan te tasten.[8] Om deze kwaliteit van liefde te vergroten, kon het wezen dat Hij in gedachten had niets minder zijn dan hun eigen beeld en gelijkenis[9]. Vader & Zoon Inc. (incorporated), zou Vader & Zonen Inc. worden.[10]

Nergens wordt het karakter van God meer geopenbaard dan in de persoon Jezus Christus.[11]

We zullen daar later dieper op ingaan.

---

7 Ef. 1:4
8 Joh. 17:21-24
9 Gen. 1:26
10 Rom. 8:29
11 Heb. 1:1-3

MEDITATIE:

'Toch is er voor ons (maar) één God, de Vader, Die de Bron is van alle dingen en voor Wie wij het leven hebben en één Heer, Jezus Christus, door Wie alle dingen bestaan en door en doorheen Wie wijzelf bestaan.'
(1 Kor 8:6, letterlijk vertaald uit de Amplified Bible)

BEVESTIGING:

God is de bron van alle dingen. Hij bedacht mij, maakte mij en houdt mij in leven.

Gesprek:

- Wat motiveerde God om te scheppen?
- Waarom is Zijn motivatie belangrijk?
- Hoe begrijpen we dit rijk vóór tijd en ruimte?

Opdracht:

Schrijf een stukje over wat God deed vóór de schepping. Gebruik hiervoor Bijbelse referenties om te laten zien wat Hem bezig hield voor de tijd begon.

WEEK 4
LICHT, LEVEN, LIEFDE

LICHT

Johannes beschrijft God als licht, leven en liefde. God is licht en in Hem is totaal geen duisternis. Zijn licht is niet zomaar licht, het is het absolute licht. Het duister kan het niet begrijpen of overwinnen.

Licht is niet een passieve kwaliteit – het is dynamisch, explosief. Licht verlangt te schijnen! Dit is God: Hij wil Zichzelf graag openbaren. Hij is niet teruggetrokken, onkenbaar en verborgen. Hij is licht en Hij wil graag iedereen verlichten met de kennis van Zijn gunst.

Terwijl Paulus de volgelingen van Jezus Christus vervolgde, openbaarde Jezus Zichzelf aan Paulus. Later schrijft Paulus over de God die Zichzelf openbaart aan hen die Hem niet zoeken! Hij laat Zijn zon schijnen over de slechten en de goeden. Het zit in Zijn aard om Zichzelf te openbaren. Het heeft niks te maken met jouw bekwaamheid om openbaring te verkrijgen, maar het heeft alles te maken met Zijn wens om Zichzelf te openbaren, onafhankelijk van of jij het wel of niet verdient.

'In Hem was leven; en het leven was het licht van de mensen.'
(Joh. 1:4)

'Hij was het ware Licht wat iedere mens die naar de wereld komt verlicht.'
(Joh. 1:9)

Het leven van Jezus is het licht van de mens. Zijn leven openbaart wie de mensheid werkelijk is. Jezus was niet alleen maar een voorbeeld voor de mens, maar van de mens.
Door het licht kunnen we de schoonheid en waarde van iets zien. Duisternis bedekt en verbergt dingen zodanig dat we niet eens zeker weten of ze bestaan – maar wanneer het licht komt, zien we plotseling de realiteit van wat de duisternis ontkende. Licht overtuigt ons eerst van het bestaan van iets en openbaart vervolgens de schoonheid ervan.

LEVEN

God is leven, en in Hem is totaal geen dood. Het Griekse woord voor dit Godgelijke leven is 'Zoë'. Daar zit de betekenis van absoluut leven in. Jezus noemde dit leven overvloedig.[1] Een ander keer omschreef Hij het als een bron van levend water dat opwelt vanuit je binnenste.[2] Nogmaals, dit is geen passieve kwaliteit. God is niet passief; Hij stroomt over van leven. Hij leeft overvloedig en wil dit overvloedige leven graag met jou te delen. Zijn leven is zo weids en zo vol van goedheid dat Hij het wel moet delen.

---
1   Joh. 10:10
2   Joh. 4:14

Wanneer het leven in een fruitboom meer wordt dan wat het nodig heeft voor zichzelf, produceert het vruchten. Deze vruchten bevatten het zaad voor weer een andere boom. Deze overvloed van leven binnenin de boom stroomt over en plant zichzelf voort. Het is de overvloed van leven in God, die overstroomde en de mens voortbracht. Het heerlijke leven waar Hij van genoot was meer dan Hij voor Zichzelf nodig had. Door het verlangen om deze overdaad te delen, ontstond de schepping.

Liefde

God is liefde. Wat de liefde het liefst wil is: geven. Dit is ook geen passieve liefde, maar liefde die zichzelf manifesteert. Hij toonde Zijn liefde voor ons, door, toen we nog in vijandschap met Hem leefden, ons met Zichzelf te verzoenen.[3]

Terwijl de wereld Hem nog in Zijn gezicht spuugde en Hem haatte, kuste Hij de wereld en verklaarde dat hun overtredingen niet langer tegen hen gebruikt zouden worden.[4] Deze liefde is zo groot dat hij niet kon wachten totdat de mens toenadering zou zoeken, maar initiatief nam om ons te omarmen toen wij nog vijandig waren.

Gods expressieve aard.

Wij beperken onze waarnemingen zo vaak tot onze eigen gezichtspunten. We zien de liefde van God alleen in de

---
[3] Rom. 5:10; Ef. 2:16
[4] 2 Kor. 5:19

context van onze eigen behoefte. Maar het komt niet zozeer door onze behoefte aan Zijn liefde waardoor Hij naar ons uitreikte, als wel Zijn eigen verlangen om eenvoudigweg lief te hebben. Het komt niet alleen door de intense duisternis waarin wij zitten waardoor Hij licht wil brengen. Het is gewoon Zijn natuur om te schijnen.

God geniet ervan om Zichzelf te openbaren. Hij loopt over van leven.
Hij stroomt over van liefde. Hij straalt van licht.
In de diepste kern van wie God is, zit deze drang om Zichzelf uit te drukken; Zichzelf te manifesteren, om Zijn liefde te tonen.
Het hele universum is een getuigenis van Zijn enorme verlangen en vermogen om Zichzelf uit te drukken.
Ieder melkwegstelsel, iedere plant, ieder dier is een unieke manifestatie van Zijn verbeeldingskracht.
Maar uiteindelijk wil een persoon Zich uitdrukken door een persoonlijkheid heen, en dat is waarom God jou heeft gemaakt!

MEDITATIE:

'Hij was het waarachtige licht, dat in de wereld komt en ieder mens verlicht.'
(Joh. 1:9)

BEVESTIGING:

Hij verlicht mij! Ik ben wie God openbaart dat ik ben. Ik word door niets anders bepaald dan door Gods mening over mij.

Gesprek:

- Wat betekent: 'God is Licht' voor jou?
- Wat is het grootste verlangen van 'Liefde'?
- Bespreek Jezus' definitie van eeuwig leven. (Joh. 17:3)

Opdracht:

Schrijf een stukje over Gods expressieve karakter, en verbindt dat met Zijn expressie in en door jou heen.

WEEK 5
WIE IS DE MENS?

De meest authentieke definitie van de mens werd door onze Ontwerper Zelf gegeven.

Genesis begint met een verslag van de schepping. Toen God schiep, sprak Hij tegen de substantie waaruit Hij iets nieuws wilde maken en droeg het op voort te brengen.

Zo zegt Hij tegen de aarde: ".. aarde breng gras en kruiden en bomen voort ... en de aarde bracht gras voort ..."[1]

Zo ook toen Hij de mens schiep, was er een deel dat van de aarde gemaakt was, maar er was ook nog een ander deel. God spreekt opnieuw tegen de substantie waaruit Hij de mens wil maken en zegt: "Laten Wij de mens voortbrengen... ons beeld en onze gelijkenis."[2] Er is een deel van de mens dat zijn oorsprong, zijn substantie, in God Zelf heeft.

Waarom investeerde God zoveel in de mens? Bedenk nog eens wie God is – Hij is een liefdesrelatie. Hij wil alleen maar het allerbeste; dezelfde kwaliteit van intimiteit die binnen Hemzelf bestaat.[3]

---

1   Gen. 1:11,12
2   Gen. 1:26
3   1 Cor. 1:9

Dat betekent dat de mens een Godgelijk soort wezen moest zijn; een wezen dat met dezelfde kwaliteit van liefde als die in God is kan waarderen, ontvangen en beantwoorden. God ontwierp de mens om God-verenigbaar te zijn, in staat om deel te nemen aan deze cirkel van liefde.4

God heeft nooit Zijn idee opgegeven om Zijn beeld en gelijkenis zichtbaar te maken in het leven van de mens. Deze blauwdruk van het ontwerp van de mens – de perfecte mens5 – werd bewaard in Christus Jezus om op het juiste moment geopenbaard te worden. In Christus Jezus kwam Hij dat wat Hij altijd al zag in de mens, verlossen en herstellen.

---

4   2 Petr. 1:4
5   Ef. 4:13

MEDITATIE:

Toen zei God: "Laat Ons mensen maken naar Ons beeld en Onze gelijkenis." (Gen. 1:26)

BEVESTIGING:

Ik ben beeld en gelijkenis van God!

Gesprek:

- Wat betekent het om gemaakt te zijn naar het beeld en de gelijkenis van God?
- Wat is de betekenis van je oorsprong?

Opdracht:

Schrijf een stukje over het wezen van de mens, gebaseerd op wat we leren over de schepping van de mens.

WEEK 6
WAT GING ER MIS?

Kort samengevat: Adam en Eva hebben nooit de diepte beseft van de relatie waar God hen voor ontworpen heeft. Zij hebben nooit het beeld en de gelijkenis herkend in de mate waartoe zij in staat waren om dat te doen.

Het verhaal van de verleiding en de val van de mens staat opgeschreven in Genesis 3.

Er valt zoveel van te leren: De verleiding was een stem van buitenaf – de mens was niet onvolmaakt van ontwerp of door kwaad van binnenuit.

De verleider maakte listig gebruik van de onwetendheid van de mens, zoals blijkt uit de suggestie dat '…als je eet van deze vrucht… zul je zoals God zijn…' (Gen. 3:5)

Het feit was dat ze al zoals God waren, geschapen naar Zijn beeld en gelijkenis. Onwetendheid maakte de verleiding aantrekkelijk. De verleider schilderde ook een vals beeld van God door te suggereren dat God niet zou willen dat de mens zoals Hij zou zijn!

Maar ondanks alle dingen waar de mens onwetend van was, één ding wisten ze zeker: dat God had gezegd: "van de boom van de kennis van goed en kwaad, daarvan mag u niet eten, want op de dag dat u daarvan eet, zult u zeker sterven."[1]

---
[1] Gen. 2:17

God verkeerd begrijpen en niet weten wie ze waren vormden de basis van ongehoorzaamheid jegens Hem en de keuze voor een ander leven. Toch was deze ongehoorzaamheid niet per ongeluk of zonder schuld, het was een welbewuste keuze om niet te gehoorzamen.

De mens was, net als God, ontworpen om in relatie te leven. Onschuld is een belangrijke ingrediënt tot deze relatie. Door voor een leugen te kiezen, God niet te gehoorzamen, scheidde de mens zich af van zijn levensbron – God. Nog steeds ondersteunde God de mens in het bestaan, maar de spontane, onschuldige en levendige relatie was niet meer mogelijk.

De staat van de gevallen mens.

Wat heeft dit met de mens gedaan? Hoe hebben zonde en kwaad de mens beïnvloed?

Sommige dingen veranderden onmiddellijk, andere in de loop van de tijd. Weer andere bleven hetzelfde.

Wat veranderde er onmiddellijk?

De schriften noemen de ongehoorzaamheid van Adam zonde.[2] Zonde was niet alleen een uiterlijke daad, het was een gebeurtenis waarin Adam zich openstelde voor een vreemde invloed. Er was onmiddellijk een andere

---

2   Rom. 5:12

heerschappij en invloed werkzaam in Adam en Eva.

Zonde veranderde ook de staat van de mens van onschuldig naar schuldig.3
Vóór de zondeval was de mens in staat tot de hoogste vorm van intimiteit met God. Dat was niet langer mogelijk. Een soort van relatie was nog steeds mogelijk, maar niet in de volheid van wat God voorzien had.

Door deze daad (zondeval) werd ook de deur opengezet voor de verspreiding van verderf onder alle mensen en de hele schepping. Het universele effect van deze gebeurtenis wordt in Rom. 5:12 als volgt omschreven: 'Daarom, zoals door één mens de zonde in de wereld is gekomen, en door de zonde de dood, en zo de dood over alle mensen is gekomen, in wie allen gezondigd hebben'.
En omdat de mens de heerschappij had over de hele schepping, beïnvloedde zijn toestand de hele schepping. Deze werd onderworpen aan bederf.4

WAT VERANDERDE ER IN DE LOOP VAN DE TIJD?
De vreemde invloed waarvoor de mens zich opengesteld had, is een verderfelijke en uiteindelijk dodelijke invloed. Het is een ziekte die zich verspreidt.5
De mens werd niet onmiddellijk totaal verdorven, aangetast

---
3   Rom. 5:12
4   Rom. 8:20
5   Rom. 7:5

en helemaal afgescheiden van God. Nee. We zien dat God met de mens in gesprek blijft zelfs na de zondeval. We zien de door God gegeven kwaliteiten zoals liefde en relatie voortduren. Maar verval en aantasting nemen alsmaar toe en worden steeds erger.

Het doel van het kwaad is om zich te verzetten tegen alles wat van God is. Maar omdat het kwaad geen scheppende kracht is zoals God, kan het alleen maar verdraaien, aantasten en onderdrukken wat God gemaakt heeft. Daarom is de mens meer dan enig dier in staat tot het kwade. Deze zeer krachtige kwaliteiten die God de mens gegeven heeft, werden gericht in de tegengestelde richting.

Hoop, die vreugdevolle verwachting van iets goeds, werd geperverteerd tot wanhoop – een deprimerend gebrek aan welke goede verwachting ook. Geloof, het onwrikbaar vertrouwen in de Ene die alleen maar het goede voor ons wil, werd verdraaid tot een irrationele angst voor naderende vernietiging en pijn. Zo kunnen we nog veel langer doorgaan. Het punt is dat elke slechte kwaliteit ooit gezien in de mens een verdraaiing is van een oorspronkelijk goede kwaliteit.

Als het kwaad zijn zin zou krijgen, zou het de mens en de schepping totaal vernietigen. De mensheid tot in het niets trekken waar zij vandaan kwam. Maar zo'n kracht heeft het niet; het moet de mens geleidelijk steeds dieper in de peilloze diepte van het verderf trekken.

Paulus neemt geen blad voor de mond als hij deze staat beschrijft als 'mensen die met hun onrechtvaardigheid de waarheid geweld aandoen'. 'Zij kennen God wel, maar geven hem niet de eer die hem toekomt en brengen hem geen dank. Hun gedachten lopen op niets uit en hun onverstandige harten zijn verduisterd.'[6]
Degenen die geen weerstand bieden tegen het kwaad worden als volgt beschreven: 'En omdat het hun niet goeddacht God te erkennen, heeft God hen overgegeven aan verwerpelijk denken, om dingen te doen die niet passen. Ze zijn vervuld van allerlei ongerechtigheid, hoererij, boosaardigheid, hebzucht, slechtheid. Ze zijn vol afgunst, moord, ruzie, bedrog, kwaadaardigheid. Kwaadsprekers zijn het, lasteraars, haters van God, smaders, hoogmoedigen, grootsprekers, bedenkers van slechte dingen, ongehoorzaam aan hun ouders, onverstandigen, trouwelozen, mensen zonder natuurlijke liefde, onverzoenlijk, onbarmhartig.'[7]

WAT VERANDERDE NIET?

In Genesis 9:6 en talloze andere referenties bevestigt God dat de mens nog steeds Zijn beeld en gelijkenis is. Het beeld en gelijkenis waarin de mens geschapen was, is onveranderlijk – het kan niet vernietigd worden. De

---
6 Rom. 1:18-21
7 Rom. 1:28-31

duisternis kan het verduisterd hebben, de vader van de leugen kan het vervaagd hebben, de boze kan het ware sjabloon van de mens verwrongen hebben, maar de essentie van de mens is nooit totaal vernietigd.

In Lukas 15 vertelt Jezus over het verloren schaap, het verloren muntje en de verloren zoon.
Het schaap bleef schaap ook al was het verloren; de munt behield zijn waarde ook al was-ie kwijt, de zoon bleef zoon ook al was hij verloren. In alle drie de gevallen bleef de eigenaar de eigenaar en betrokken bij datgene wat verloren was. Het schaap en het muntje droegen niets bij aan het weer gevonden worden. In het geval van de zoon veranderde zijn situatie toen hij 'tot zichzelf kwam'. (Luk. 15: 17) Zelfs het woord 'verloren' heeft een prachtige belofte in zich, want je kunt alleen verloren zijn als je ergens bij hoort!

God zag nog steeds genoeg waarde in ons om achter ons aan te gaan en ons te redden tegen de hoogste prijs. De mensheid was niet zo ver verdorven dat er geen herstel meer mogelijk was. De mensheid was niet zo verloren dat zij niet meer gered kon worden.

Buiten elke proportie
Het is belangrijk om de zondeval en de gevolgen ervan te

begrijpen, maar we moeten het altijd zien in de context van het veel grotere verlossingswerk dat gedaan werd in Christus Jezus.

Religie focust zozeer op de zondeval dat het de mens zelfs alleen maar in dat licht kan bezien. Maar we zullen in een later hoofdstuk zien hoezeer Christus' werk van herstel de zondeval overtreft.

MEDITATIE:

'Daarom, zoals door één mens de zonde in de wereld is gekomen, en door de zonde de dood, en zo de dood over alle mensen is gekomen, in wie allen gezondigd hebben.'
(Rom. 5:12)

'Zoals dus door één overtreding de schuld gekomen is over alle mensen tot verdoemenis, zo komt ook door één rechtvaardigheid de genade over alle mensen tot rechtvaardiging van het leven.'
(Rom. 5:18)

BEVESTIGING:

Zo zeker als ik in Adam opgenomen werd, zo zeker ben ik in Christus opgenomen.

Gesprek:

- Wat maakt verleiding aantrekkelijk?
- Wat maakt verleiding onaantrekkelijk?
- Wat is het in de mens, waardoor hij zelfs na de zondeval, voor God zo waardevol bleef?

Opdracht:

Schrijf een kort stukje waarin je uitlegt wat God in de mens zag, zelfs na de zondeval, en wat Hem ertoe bracht met ons door te gaan en ons te redden.

WEEK 7
HET WETSSYSTEEM

Het huwelijk is bedoeld voor intimiteit en vreugde – wantrouwen en afstand doen afbreuk aan het werkelijke doel van het huwelijk. Je kunt nooit de spontaniteit en de vrijheid van een liefdesrelatie vervangen door formaliteiten en verplichtingen en dan nog dezelfde kwaliteit van relatie behouden.

Stel je een scenario voor waarin een man en zijn echtgenote ruzie hebben gehad. Laten we zeggen, omdat het toch maar fantasie is, dat het allemaal de schuld van de vrouw was. De man probeert erover te praten, maar de situatie is zo pijnlijk dat de vrouw geen enkele verdere confrontatie aankan. Stilte en afstand worden haar enige uitvlucht.

Gedurende de dagen en weken die volgen wordt de situatie alleen maar erger en het loopt uiteindelijk uit op een scheiding. De man ziet zijn vrouw wegzakken in een depressie maar ze wil hem niet onder ogen komen of met hem praten. De man echter houdt nog steeds van zijn vrouw en gelooft dat de relatie hersteld kan worden.[1] Hij stelt een praktische voorlopige regeling op. Om te voorkomen dat ze in absolute armoede en wanhoop vervalt, blijft hij haar ondersteunen en voorzien. Voorwaarde is

[1] Jes. 49:15,16

wel dat zij zich houdt aan een aantal redelijke basisregels. Bijvoorbeeld: hem trouw blijven; geen andere geliefden toegestaan! Heel redelijk. Ook over een paar andere dingen wordt overeenstemming bereikt, zoals het huis (zijn huis) onderhouden etc.

Het enige wat deze regelingen eigenlijk zouden moeten aantonen, is dat de man nog steeds gelooft dat de relatie gered kan worden. Deze regelingen waren nooit bedoeld om de oorspronkelijke intieme relatie te vervangen. Ze werden alleen opgesteld ter bescherming en voorziening voor haar, totdat de oorspronkelijke relatie hersteld is. Deze situatie kan niet tippen aan of vergeleken worden met de spontane, intieme relatie waar de man en de vrouw eens zo van genoten.

Maar deze regeling veroorzaakt iets verschrikkelijks: zij geeft aan de afstand een zekere geldigheid! Juist die afstand die vernietigd moet worden, vindt een mogelijkheid in deze tijdelijke regeling om zichzelf te legitimeren. Dit nieuwe wetssysteem maakt de afstand 'legaal'!

En de vrouw, in plaats van te proberen om een fundamentele oplossing voor het probleem te vinden, verstopt zich nu achter het feit dat ze zich aan de regels houdt en daarom de zorg, de voorziening verdient. Het nieuwe systeem komt haar eigenlijk wel goed uit, want ze hoeft niet rechtstreeks contact met haar man te hebben. Ze voelt zich gerechtvaardigd door zich aan de regels te houden. En zelfs als dat niet lukt zijn er wegen om de situatie te corrigeren, zonder rechtstreeks contact met hem te hebben. Haar hart wordt nog harder.

DE WET IS TIJDELIJK.

De wet was nooit bedoeld om de relatie tussen de mens en God op te lossen – het was slechts een voorlopige regeling.[2] Op een bepaalde manier liet het iets zien van het hart van God – Hij bleef geloven dat de relatie hersteld kon worden. Maar de wet was niet de manier waarop Hij de relatie wilde herstellen – de wet was alleen gegeven in de context van een mensheid die in totale hulpbehoevendheid en chaos aan het vallen was. Het was bedoeld als een tussenoplossing om de mens te beschermen en voor hem te zorgen. In Christus werd de Wet zowel vervuld als weggedaan[3] toen Hij de intimiteit en de vrijheid herstelde van de oorspronkelijke relatie.

DE WET LOST HET PROBLEEM NIET OP.

De wet rekende nooit af met zonde, bracht zonde nooit tot een definitief oordeel.[4] Feitelijk werd het probleem alleen maar groter. Zonde – wat de eigenlijke echte afstand en scheiding was als gevolg van deze gebroken relatie – vond

---

2   Gal. 4: 1-7
3   Rom. 3:21
4   Rom. 8:3

een mogelijkheid in het wetssysteem. Afstand kreeg een vorm van geldigheid in de Wet!

En in plaats van de voorziening dankbaar aan te nemen, gebruikt de mens de wet om zichzelf te gaan rechtvaardigen. De Wet diende om het hart van de mens nog meer te verharden. De mens vond in de Wet een mogelijkheid om een uiterlijke gehoorzaamheid aan de dag te leggen zonder enige innerlijke verandering.

Zonde wordt versterkt door de Wet!

Alleen in het kader van een mensheid die gescheiden was van God, een mensheid zonder intieme relatie met God, werd de Wet gegeven. De door God gegeven Wet ter bescherming van de mens, is goed in zichzelf. Het creëerde echter een omgeving waarin zonde zichzelf bekrachtigde door de ogenschijnlijk rechtmatige afstand die de Wet in stand hield.

Paulus zei het zo: "Is het dan het goede dat mij heeft gedood? Natuurlijk niet, het is de zonde. Maar om mij te doden heeft ze van het goede gebruikgemaakt; alleen zo kon duidelijk worden wat de zonde is. Door het gebod te gebruiken laat de zonde zien hoe verderfelijk ze is." (Rom. 7: 13 NBV) De veroordelende stem van zonde wordt nog versterkt door juist de Wet van God die de ontoereikendheid van de mens bevestigt, om consequent te voldoen aan Gods normen.

Meditatie:

"Toen we minderjarig waren, kregen we net als slaven eenvoudige opdrachten (de leraren en beheerders van deze wereld), zonder zeggenschap over ons eigen leven. Maar toen de tijd aangebroken was die door God de Vader bepaald was, zond God Zijn Zoon onder ons, geboren uit een vrouw, geboren onder de voorwaarden van de wet zodat Hij degenen kon verlossen die door de wet waren gevangen. Op die manier zijn we vrijgemaakt om onze rechtmatige erfenis te ervaren."
(Gal. 4:3-5, Message Vertaling)

Bevestiging:

Ik leef in de vrijheid van mijn rechtmatige erfenis: in de spontane, intieme en onbeperkte relatie met God.

GESPREK:

- In welke context werd de Wet gegeven?
- Bespreek in hoeverre de Wet een manier is om relatie met God te hebben?
- Op wat voor manier schoot de Wet tekort ... wat kon de wet niet bereiken?

OPDRACHT:

Schrijf een kort stukje waarin je uitlegt waarom de wet alleen maar een tijdelijke maatregel was. En noem daarin ook wat het is, wat de wet niet kon doen!

WEEK 8
GODS STRATEGIE MET DE WET

God maakte geen fout toen Hij de wet gaf. Hij wist dat de wet op zichzelf het probleem van de afgescheidenheid niet zou kunnen oplossen. Hij heeft de wet opzettelijk zo ontworpen dat daarmee het conflict intenser zou worden – zodat het echte probleem geopenbaard kon worden en ook de onmacht van de mens om het zelf op te lossen. Hij ontwierp dit strijdtoneel – een strijd die naar een climax zou leiden. 'Zo is dan de wet heilig, en het gebod is heilig en rechtvaardig en goed'. (Rom. 7:12) In deze context diende de wet het doel van God. Buiten deze context wordt de wet een door mensen gemaakt duivels systeem van onderdrukking.

Onder de Wet ontmoetten de mens en God elkaar nooit van aangezicht tot aangezicht.
In plaats van direct contact met God werd de Wet het middel waardoor de mens zich tot God verhield, op basis van kennis van goed en kwaad. Door de Wet bleef de afstand tussen God en de mens, waardoor het conflict bleef bestaan en steeds groter werd.

De Wet was niet gemaakt om het probleem van

afgescheidenheid op te lossen, maar om het te openbaren. De Wet openbaarde een andere wet of heerschappij. Paulus zegt dat hij onder de Wet een andere wet of heerschappij ontdekte die in hem werkzaam was. 'Want naar de innerlijke mens verheug ik mij in de wet van God. Maar in mijn leden zie ik een andere wet, die tegen de wet van mijn verstand strijd voert en mij tot gevangene maakt van de wet van de zonde, die in mijn leden is.' (Rom. 7:22-23) De ervaring van de mens onder de wet was dat er een sterkere invloed in de mens was die hem ertoe dwong om het tegenovergestelde te leven van wat hij wist dat juist was. Het vlees werd het domein van de zonde en de mens was zelf niet in staat om ook maar iets aan deze toestand te veranderen. En dus vervolgt Paulus in vers 24: "Ik ellendig mens, wie zal mij verlossen uit het lichaam van deze dood? Ik dank God, door Jezus Christus, onze Heere." (Rom. 7:24-25)

De volheid der tijd naderde waarin het uiteindelijke oordeel over de zonde en zelf-gerechtigheid volkomen zou worden. 'Maar toen de volheid van de tijd gekomen was, zond God Zijn Zoon uit, geboren uit een vrouw, geboren onder de wet, om hen die onder de wet waren, vrij te kopen, opdat wij de aanneming tot kinderen zouden ontvangen.' (Gal. 4:4-5)

God maakte zich gereed om het domein van de zonde binnen te gaan – het vlees. Hij maakte zich gereed om het huis van de dictator binnen te gaan, hem te binden en hem alles weer te ontnemen. 'Want wat voor de wet onmogelijk was, krachteloos als zij was door het vlees, dat heeft God gedaan: Hij heeft Zijn eigen Zoon gezonden in een gedaante gelijk aan het zondige vlees en dat omwille van de zonde, en de zonde veroordeeld in het vlees.' (Rom. 8:3) Hij kwam om elk deel van het mensdom dat Hij gemaakt heeft terug te nemen, inclusief het vlees!

Meditatie:

'Want wat voor de wet onmogelijk was, krachteloos als zij was door het vlees, dat heeft God gedaan: Hij heeft Zijn eigen Zoon gezonden in een gedaante gelijk aan het zondige vlees
en dat omwille van de zonde, en de zonde veroordeeld in het vlees.'
(Rom. 8:3)

Bevestiging:

Ik dank God, dat Hij mij door Jezus Christus onze Heer heeft bevrijd van de heerschappij van zonde en dood.

Gesprek:

- Welk probleem heeft de wet geopenbaard?
- Is het wetssysteem vandaag nog steeds geldig? (Rom. 7:6)
- Bespreek manieren waardoor/waarop mensen nog steeds onder de wet leven, hoewel
- Christus de wet vervuld heeft.

Opdracht:

Schrijf een kort stukje waarin je uitlegt wat de wet nooit kon doen en wat door God in Christus gedaan is.

WEEK 9
DE PERFECTE WET VAN DE VRIJHEID

Het nieuwe verbond kent slechts één geldige wet – de wet van het leven in Christus Jezus.
Dit heeft niets te maken met jouw streven, jouw zelfdiscipline of aandeel, maar alles met het ontdekken van jezelf in Christus en je leven in Christus.

Jacobus noemt dit de perfecte wet van de vrijheid. De wet van de vrijheid klinkt zo tegenstrijdig. Wetten zijn gemaakt om vrijheid te beperken, beweging in te dammen, te controleren. Maar de wet van de vrijheid is heel anders. In Jak 1:23 en 24 zegt Jakobus dat "…als iemand dit Woord hoort, maar er niet naar handelt, die persoon is als een man die het gezicht waarmee hij geboren is in een spiegel bekijkt, maar zodra hij wegloopt vergeten is hoe hij eruit zag." Dan gaat Jakobus verder met te zeggen dat het geheim van leven zoals wij oorspronkelijk gemaakt zijn is dat we diep moeten kijken in de volmaakte wet van de vrijheid, en dat moeten blijven doen. Deze wet brengt met zich mee dat als je jezelf eenmaal ziet, je kunt doen wat je wilt! God weet dat je ware zelf niets in zich heeft dat aanstootgevend is voor Hem.

De wet van het leven in Christus Jezus, de volmaakte wet der vrijheid zegt eenvoudigweg: Ken jezelf en wees jezelf. Het geheim van je leven is je eenwording met Christus in God. In Christus Jezus, ontmoeten God en de mens elkaar. Wat 'is' en wat 'zou moeten zijn' worden verenigd en daarmee wordt elk verschil, elke kloof, elk mogelijk besef van scheiding vernietigd.

God wil jou helemaal niet beperken of beteugelen – Hij verlangt ernaar om je vrij te zetten om jezelf te zijn.[1] Je bent Zijn maaksel, geschapen in Christus Jezus.[2] Hij schaamt zich niet om jou Zijn broer te noemen, want jullie delen dezelfde oorsprong.[3]

Kom op! Zie wie je werkelijk bent en wees dan wie je werkelijk bent.

---

1 Gal 5:13
2 Ef. 2:10
3 Heb. 2:11

MEDITATIE:

'Hij echter die zich in de volmaakte wet verdiept, die van de vrijheid, en daarbij blijft, die zal, omdat hij niet een vergeetachtig hoorder geworden is, maar een actieve uitvoerder ervan, gezegend zijn in wat hij doet.'
(Jak. 1:25, AMP vertaling)

BEVESTIGING:

Ik kijk diep in de perfecte wet van de vrijheid – daardoor begrijp ik wie ik ben, en dat inspireert de manier waarop ik leef.

Gesprek:

- Op welke manier verschilt de wet van de vrijheid met de oude Wet?
- Hoe heeft jezelf kennen betrekking op jezelf zijn?

Opdracht:

Schrijf een kort stukje over de vrijheid die je hebt gevonden in Christus.

WEEK 10
*V*LEESWORDING

Het woord 'incarnatie' komt van het Latijn en betekent eenvoudigweg 'vlees maken' of 'vlees worden'. De verwijzing in de Schrift naar dit concept staat in Joh. 1:14: '.... en het Woord werd vlees.' (Message)

In iedere religie en filosofie blijft het woord woord, religie blijft een theorie en filosofie blijft een vermoeden. Maar in Jezus Christus, is het Woord vleesgeworden, is de werkelijkheid geopenbaard – Gods gedachte is in het menselijk leven besloten. De ultieme bestemming van Gods Woord was niet een boek of een instituut, maar vlees. Zijn beeld en gelijkenis ontsluierd in de mens.

Maar wat is dit 'Woord' dat vleesgeworden is? Johannes vertelt ons in het eerste vers: het is het Woord dat in het begin bij God was. Inderdaad, dit 'Woord' is God!

Door de eeuwen heen heeft God delen van Zijn geest geopenbaard.[1]
Het Oude Testament is een verslag van de vele profeten, priesters en geleerden, die, verspreid over vele generaties, delen van Gods bedoeling beseffen. De beste geleerden dompelden zich onder in minutieuze studies om deze

[1] Hebr. 1:1

puzzel op te lossen.

Ondanks de duizenden jaren van geïnspireerde uitspraken en studies door geleerden, bleef een mysterie dat geen oog had gezien en geen oor had gehoord. Een mysterie dat ieder voorstellingsvermogen totaal te boven ging.[2]

Alleen God kon zo'n plan bedenken: Eeuwigheid zou zijn intrede doen in de tijd; het oneindige zou de ruimte betreden. God zou mens worden.

Het Woord, de uitdrukking van God, de exacte weergave van God werd vlees. Dat was geen halfhartige poging waarmee God zichzelf simpelweg vermomde in een menselijk lichaam. Dit was een onafgebroken blijvende toewijding waarmee God zichzelf voor altijd aan de mensheid verbond - Zijn eeuwige bestemming verbonden aan de bestemming van de mens. Hij werd mens in de volst mogelijke betekenis en zou voor altijd mens blijven.

De oorspronkelijke Schepper, het ware licht dat iedere mens verlicht kwam in deze wereld.[3] Zijn missie was niets minder dan onze illusies aan stukken te slaan en de onechte, onoorspronkelijke, valse identiteit aan de orde te stellen die wij buiten Hem hadden aangenomen. De vleeswording openbaart dat ons ware zelf, ons echte mens-zijn alleen

---

[2] Joh. 1:18; 1 Kor. 2:9
[3] Joh. 1:9

gevonden kan worden in vereniging met God.

Toen het Woord vlees werd, toen God een mens werd, was het de Schepper en Oorsprong van elk mens die vlees werd in de persoon van Christus Jezus. Als zodanig vertegenwoordigt Hij iedere mens. Alles wat Hij deed en alles wat Hem overkwam, gebeurde in de context van de vleeswording. De context van een God die zijn schepping zo totaal heeft omarmd dat wat er met Hem gebeurde, ook gebeurde met Zijn schepping.

MEDITATIE:

'Het oorspronkelijke, authentieke Woord was bij God vanaf het eerste begin. God Zelf is de inhoud van deze mededeling en openbaart zo Zijn persoonlijke aanwezigheid en unieke uitdrukking in alles wat bestaat.
Er bestaat inderdaad niets oorspronkelijks of vernieuwends buiten Hem!
Hij is de enige Schepper en de bron van alle inspiratie en creativiteit. Op alles wat bestaat staat het 'Made by God'-stempel.
Het leven dat in Hem was, werd zichtbaar gemaakt in de mens – zijn leven schijnt in de mens. (Het leven van God zelf is wat het bestaan van de mens deed ontbranden).
Dit oorspronkelijke licht schijnt nog steeds, zelfs in de duisternis en geen hoeveelheid duisternis kan dit licht doven.'
(Joh. 1:1-5 WMF vertaling)

BEVESTIGING:

God heeft mij bedacht en gaf op unieke wijze uitdrukking aan Zichzelf toen Hij mij schiep.

GESPREK:

- Bespreek wat je geleerd hebt door Joh. 1:1-5 te overdenken.
- Bespreek wat de betekenis is van de Schepper die een schepsel wordt, God die mens
- wordt.

OPDRACHT:

Schrijf een kort stukje waarin je het idee achter 'incarnatie' uitlegt, en dan vooral toegespitst op Jezus Christus.

WEEK 11
JEZUS – VOLLEDIG GOD

Jezus vertegenwoordigt God op de meest volledige en waarachtig mogelijke manier. Jezus vertegenwoordigt God niet alleen, Hij is God. Wat Hij zegt, zegt God; wat Hij doet, doet God.

Jezus Zelf zei: "Wie Mij gezien heeft, heeft de Vader gezien."[1] Paulus schreef in 2 Kor. 5:19 'dat het God was die in Christus de wer (Joh. 8:58) eld met Zichzelf verzoende'.

De gevolgen van deze incarnatie zijn duizelingwekkend! God werd mens zonder op te houden God te zijn. Jezus verklaart vrijmoedig "...vóór Abraham geboren was, ben Ik."[2] Deze transformatie, deze vorm van bestaan als mens, frustreerde God helemaal niet. Kol. 1:19 laat zien dat het juist een genoegen was! Kol. 2:9 openbaart dat God in heel Zijn volheid uitdrukking vond in het lichaam van Jezus Christus. De mens is God-verenigbaar!

God schaamt zich niet voor het menselijk lichaam wanneer Hij zichzelf wil openbaren en uitdrukken. Hij weet dat ons bestaan zelf het resultaat is van zijn artistieke manier om Zijn beeld en gelijkenis weer te geven. De meest accurate en precieze weergave van God werd zichtbaar in de mens

---
1   Joh. 14:9
2   Joh. 8:58

Jezus Christus. ' …Jezus is de stralende en de perfecte uitdrukking van Gods persoon. Hij maakt de glorie (het voornemen) van God zichtbaar en weerspiegelt het karakter en elke eigenschap van God in menselijke vorm.'
(Hebr. 1:3, vertaald uit Mirror Translation)

Christus is niet gekomen om een vaag of onbegrijpelijk beeld te brengen, maar een volledig, compleet en kristalhelder beeld van onze Vader en onze gelijkenis met Hem.
Wat het Woord ook was in God voor de incarnatie, dat is Hij nu in menselijke vorm.[3] Hij werd niet minder in persoon of creatieve uitdrukkingsmogelijkheid toen Hij mens werd. Hij is nog steeds het eeuwige Woord, bij God, van aangezicht tot aangezicht met God, het spiegelbeeld van God, die Zelf God is… en mens. Het was vanaf het begin Zijn plan om als mens te bestaan.

Dus in de persoon van Christus gaf God vrijuit uitdrukking aan Zichzelf en door dat te doen openbaarde Hij hoe Hij werkelijk was. Jezus is de openbaring van Gods werkelijke aard en karakter. In een klimaat van rituelen, wetten en oordelen waardoor velen verward waren geraakt over het karakter van God, laat Hij zich persoonlijk zien om zo iedere misvatting weg te nemen. Hij is niet wraakzuchtig – Hij is bereid om onze straf op Zich te nemen. Hij is niet makkelijk te beledigen, maar juist op het hoogtepunt

---

[3] Joh.1:14

van onze vijandigheid jegens Hem[4] is Hij bereid ons met Hem te verzoenen, zelfs toen wij nog dood waren in onze overtredingen en zonden.[5]

God wordt vaak beschreven in verheven termen als: Omnipresent (alomtegenwoordig); Omniscient (alwetend); Omnipotent (almachtig). Maar in de menswording van Jezus Christus beperkt Hij zichzelf tot één enkele plaats; we lezen dat Hij groeide in kennis en wijsheid en dat Hij in zijn eigen stad niet veel machtige werken kon doen vanwege hun ongeloof. Ondanks het feit dat Jezus niet langer alomtegenwoordig, alwetend en almachtig was, kon God nog steeds volledig Zichzelf zijn in Christus. Waarom? Omdat God in wezen liefde is en het menselijk bestaan is op geen enkele manier een minderwaardige uitdrukking van Zijn liefde of leven.

Hij leefde ten volle en blijft Zichzelf onbeperkt uiten in de mens Jezus Christus! Ons mens-zijn is geen beperking van Gods mogelijkheid om Zichzelf volledig en vrij uit te drukken. Jij bent geen frustratie voor God, maar Zijn mogelijkheid om te zijn.

Jezus is niet gekomen om het hart en de geest van God aangaande de mens te veranderen. Hij kwam om de waarheid over God en over ons te openbaren en ons zo

---
4 Rom. 5:10
5 Ef. 2:5

ons ware en echte zelf te laten zijn.

'Hij heeft ons gered en ons geroepen tot een heilige taak, niet op grond van onze daden, maar omdat Hij daartoe uit genade besloten had. Deze genade was ons al vóór alle tijden gegeven in Christus Jezus, maar nu is ze bekend geworden doordat onze redder Christus Jezus is verschenen, die de dood heeft vernietigd en onvergankelijk leven heeft doen oplichten door het evangelie.'
(2 Tim. 1:9,10 DNB)

Gods gedachte en houding jegens ons stonden al vast voordat de tijd begon. Hij gaf ons genade – Hij gaf ons Zichzelf voordat we ook maar geboren waren, voordat we ook maar iets konden doen om het te verdienen, of niet te verdienen. Voordat we de kans hadden om indruk op Hem te maken, of Hem teleur te stellen, was Hij al onder de indruk – onder de indruk van het beeld en de gelijkenis die Hij op ons wezen stempelde.

Vanuit Zijn gezichtspunt werden we gevonden voordat we verloren raakten – Hij vond ons in Christus voordat Hij ons verloor in Adam.

We ontvingen genade voor de zondeval. Hij wachtte eenvoudig op de juiste tijd om te verschijnen – om datgene openbaar te maken wat altijd al was: de waarheid van onze redding in Christus Jezus.

MEDITATIE:

'... Jezus is de stralende en volmaakte uitdrukking van de persoon van God. Hij maakt Gods glorie (bedoeling) zichtbaar en vertegenwoordigt het karakter en iedere kenmerkende eigenschap van God in menselijke vorm.'
(Hebr. 1:3, vertaling uit de Mirror Translation)

BEVESTIGING:

God liet in Jezus zien dat Hij zichzelf kan zijn in menselijke vorm. Ik ben geen ergernis/teleurstelling/frustratie voor God... Ik ben Zijn mogelijkheid om te zijn!

Gesprek:

- Wat is de meest zorgvuldige openbaring van God?
- Bespreek het feit dat God niet beperkt, verkleind of gefrustreerd was in de persoon van
- Jezus Christus.

Opdracht:

Schrijf een stukje waarin je uitlegt waarom Jezus de meest volledige en definitieve openbaring is van wie God is.

WEEK 12
JEZUS: VOLLEDIG MENS

God werd mens in de volst mogelijke betekenis.1 Hij omarmde de mensheid in deze daad van vleeswording in zo'n mate dat de hele mensheid in Zijn persoon vertegenwoordigd zou zijn.2 De mate waarin Hij mens werd, is de mate waarin deze verlossing voor ons werkelijkheid is. We waren in Zijn leven, Zijn dood, Zijn opstanding en Zijn hemelvaart. Hij nam de mensheid op Zich en in Zich. En met zo'n intensiteit dat God elke handeling van Hem zou beschouwen als handeling van de mens. Zijn daden zouden op de rekening van de mensheid worden bijgeschreven. Hij vertegenwoordigt de mens meer volkomen, waarachtig en volledig dan wie dan ook.

Jouw geboorte was voor God geen verrassing! Toen jij hier op aarde werd geboren, was dat niet Zijn eerste kennismaking met jou: Hij kende je al voordat je werd geboren.3 Hij was intiem vertrouwd met jouw ontwerp en koos jou persoonlijk uit voordat de tijd begon.

Wat Hij van je wist voordat je werd geboren, is nog steeds zijn enige referentie van wie jij bent. Hij is niet anders over

---

1 Joh. 1:14
2 Rom. 5:18; 2 Kor. 5:14-19
3 Jer. 1:5

je gaan denken door je successen of mislukkingen. Liefde blijft altijd het beste geloven, houdt nooit op met hopen, blijft altijd geduldig en faalt nooit.

Hij kent de waarheid over jou. Ef. 1:13 beschrijft deze boodschap als het 'Woord van de waarheid – het evangelie van uw zaligheid.' Dit is het goede nieuws over de werkelijkheid van wat God voor jou heeft gedaan en van wat Jezus namens jou heeft gedaan: Hij verloste de oorspronkelijke schepping die jij bent.

Vaak, vooral in theologieboeken, lezen we over het wezen van de mens. (Het is interessant dat deze term bijna nooit gebruikt wordt in de Bijbel.) Dus ik heb wat onderzoek gedaan naar wat de meeste theologen bedoelen met 'het wezen van de mens'. Het betekent de waarheid of de werkelijkheid van de mens.

Dat is een heldere en simpele definitie – maar het probleem is dat velen de waarheid en werkelijkheid van de mens in de val van Adam proberen te vinden. We zouden wat verder terug moeten kijken en dan ontdekken we Gen. 1:26. De waarheid en werkelijkheid van de mens kwamen uit God. Zijn wezen was de oorsprong van ons wezen. Zijn werkelijkheid is de essentie waarvan wij gemaakt zijn!

De sleutel tot het begrijpen van het mysterie God-enmens-in-de-ene-persoon-van-Christus is het besef dat Hij de mens juist voor het doel van vereniging met God heeft geschapen. Er is geen conflict in Gods schepping tussen het wezen van de mens en het wezen van God.

De mens is Gods idee. Toen God dus mens werd, was dat het originele, authentieke idee van de mens die in de persoon van Christus gemanifesteerd werd: de perfecte mens.[4]

Datgene wat God altijd al als waarheid zag over de mens brak plotseling open in deze fase van de menselijke geschiedenis. 'Dit was het waarachtige licht, dat in de wereld komt en ieder mens verlicht.' (Joh. 1:9) Hij is het licht die de waarheid over de hele mensheid openbaart, aan ieder persoonlijk. De openbaring die Hij brengt is '... vol van genade en waarheid.'

Het feit dat God mens kon worden, getuigt van de integriteit van ons als schepping. Toen Hij oorspronkelijk de mens schiep door te zeggen: 'Wees ons beeld en onze gelijkenis,' schiep Hij niet een wezen dat minderwaardig was aan Hemzelf. Hij creëerde precies wat Hij zei: Zijn eigen spiegelbeeld in vorm en inhoud.
In Jezus herkennen we God als been van ons gebeente en vlees van ons vlees. Deze gelijkenis is de basis voor

---

[4] Ef. 4:13

intimiteit zonder schaamte en zonder belemmering.

MEDITATIE:

'En het Woord is vlees geworden
en heeft onder ons gewoond.
En wij hebben Zijn heerlijkheid gezien,
een heerlijkheid als van de Eniggeborene van de Vader,
vol van genade en waarheid.'
Joh. 1:14

BEVESTIGING:

Het Woord gaat door met vlees te worden in mij. Heer Jezus, leef uw leven door mij.

Gesprek:

- Hoe heeft God Zijn beeltenis van de mens behouden? Wat openbaart het mens-zijn van Jezus over de mens?
- Wat is het ware wezen van de mens?

Opdracht:

Schrijf een stukje waarin je de eenheid van God en de mens in Jezus onderzoekt en wat deze eenheid openbaart over de mens.

WEEK 13
GODS BLIJVENDE BETROKKENHEID

Het verhaal van Adam en Eva is soms voorgesteld als de eerste pogingen van God om een verbintenis aan te gaan met de mens. De zondeval dwong Hem echter om een alternatief te bedenken. Dat is niet juist.

De noodzaak voor de vleeswording kwam voor God niet als een verrassing. Hij plande dit vóór de zondeval.[1] De vleeswording – de gebeurtenis waarin God mens zou worden – was vanaf het begin Zijn idee. Het was niet de zondeval waardoor de noodzaak van verlossing ontstond; verlossing was gepland vóór de zondeval.[2]

Het was niet zo dat Hij het mens-zijn 33 jaar verdroeg en toen opgelucht terugkeerde om weer God te zijn. 1 Tim. 2:5 is geschreven na de opstanding en de hemelvaart en openbaart dat Christus Jezus nog steeds mens is: 'Want er is één God. Er is ook één Middelaar tussen God en mensen, de mens Christus Jezus.' De vleeswording is blijvend. Hij verbond Zichzelf met de mensheid op zo'n manier dat Hij er nooit meer van gescheiden zou zijn. Hij bond Zichzelf aan ons bestaan; verbond Zichzelf met ons

[1] Jes. 46:10
[2] 2 Tim. 1:9

lot. De opstanding is het bewijs dat deze eenwording tussen God en mens niet een tijdelijke gebeurtenis is, maar een eeuwig, onverbrekelijk verbond.

De term middelaar verwijst normaal gesproken naar een derde partij die tussen twee andere partijen in staat – in de kloof – om vrede te bewerkstelligen of over een deal te onderhandelen. Maar Christus is een totaal andere soort middelaar: God en mens ontmoeten elkaar in deze ene persoon van Christus Jezus. Hij is niet een derde partij; Hij is God en Hij is mens. Dit is de perfecte bemiddeling waarin de mens en God elkaar direct ontmoeten van aangezicht tot aangezicht en een perfecte harmonie voortbrengen in de persoon van Christus.

God heeft alles wat Hij heeft, alles wat Hij is, geïnvesteerd in de mensheid.3 Hij heeft geen andere investering, geen andere interesse, geen andere bezigheid dan de mens, dan jou! Hij gelooft in jou, Hij is volledig bij jou betrokken. 'Wat betekenen Uw gedachten veel voor mij, mijn God. Ze zijn ontelbaar.' Ps. 139:17 (vert. Het Boek)

---

3 Fil. 2:7

MEDITATIE:

'Want er is één God. Er is ook één Middelaar tussen God en mensen, de Mens Christus Jezus.'
1 Tim. 2:5

BEVESTIGING:

De eenwording van God en mens in Christus Jezus heeft geen afstand of scheiding in zich.
Dit is ook de eenheid die ik geniet: geen afstand, geen scheiding!

Gesprek:

- Hoe verschilt de bemiddeling van Christus van elke andere bemiddeling?
- Bespreek het feit dat God nog steeds mens is in de persoon van Christus Jezus.

Opdracht:

Schrijf een stukje waarin je het verschil aangeeft tussen een religie die God ziet als afgescheiden van onszelf en wat Christus openbaart: God en mens verenigd in één.

WEEK 14
ALLEN – DE REIKWIJDTE VAN GODS LIEFDE

'Eén lichaam en één Geest, zoals u ook geroepen bent tot één hoop van uw roeping, één Heere, één geloof, één doop, één God en Vader van allen, Die boven allen en door allen en in u allen is. Maar aan ieder van ons is de genade gegeven naar de maat van de gave van Christus.' Ef. 4:4-7

Let op het volgende uit bovenstaande schrifttekst: 'Vader van ALLEN.... boven ALLEN... door ALLEN... in ALLEN... maar aan IEDER VAN ONS is de genade gegeven...'

In deze les kijken we naar de reikwijdte van Gods liefde en in de volgende les naar de focus van Zijn liefde. Beide zijn belangrijk en ze vullen elkaar aan. Als we een verkeerde nadruk op de persoonlijke ontmoeting leggen, kan het zo kleingeestig en zo gericht op het eigen innerlijk worden dat het de mensheid buitensluit en vruchteloos wordt. Maar ook kunnen we zo gefocust zijn op de allesomvattende natuur van de verlossing dat het theoretisch en zonder persoonlijke impact wordt.

Het evangelie openbaart dat God allen met succes met Zichzelf heeft verzoend. En wel met zo'n intensiteit dat ieder bij zijn naam geroepen wordt tot een persoonlijke ontmoeting met God. Deze zeer persoonlijke ontmoeting sluit geen enkel mens uit. Het nodigt juist iedereen uit in dezelfde unieke en heel persoonlijke relatie met Hem.

Wie zijn Gods toehoorders, en wie heeft profijt van wat Hij heeft gedaan?

Het woord 'allen' voert de boventoon in de brieven van Paulus. Dit heeft grote problemen veroorzaakt bij diegenen die er de theorie op nahouden dat 'sommigen' zijn gekozen en 'sommigen' zijn afgewezen. Eén van de argumenten die zij hebben om de betekenis van het woord 'allen' te verdedigen, is dat Paulus blijkbaar schreef aan een bepaalde groep gelovigen. Het woord 'allen' beperkt zich dan tot die groep mensen aan wie hij schreef.

Gelukkig heeft Paulus ons zelf een verklaring gegeven van wat hij bedoelde toen hij zei 'allen'.

Kol. 1:15-20
'Hij is het Beeld van de onzichtbare God, de Eerstgeborene van Heel de schepping. Want door Hem zijn ALLE dingen geschapen die in de hemelen en die op de aarde zijn, die zichtbaar en die onzichtbaar zijn: tronen, heerschappijen, overheden of machten; ALLE dingen zijn door Hem en voor Hem geschapen. En Hij is vóór ALLE dingen, en

ALLE dingen bestaan tezamen door Hem. En Hij is het hoofd van het lichaam, namelijk van de gemeente, Hij, Die het begin is, de Eerstgeborene uit doden, opdat Hij in ALLEN de Eerste zou zijn. Want het heeft de Vader behaagd dat in Hem HEEL de volheid wonen zou, en dat Hij door Hem ALLE dingen met Zichzelf verzoenen zou, door vrede te maken door het bloed van Zijn kruis, ja door Hem, zowel de dingen die op de aarde zijn als de dingen die in de hemelen zijn.'

Paulus definieert dus wat 'allen' betekent, namelijk: alles wat geschapen is, zichtbaar of onzichtbaar. Er is slechts één Schepper en alles wat Hij geschapen heeft, is het publiek van de verzoening.

In Romeinen 5:18 geeft Paulus opnieuw een duidelijke definitie van wat hij bedoelt met 'allen'. 'Zoals dus door één overtreding de schuld gekomen is over ALLE mensen tot verdoemenis, zo komt ook door één rechtvaardigheid de genade over ALLE mensen tot rechtvaardiging van het leven.'

Paulus beperkt het woord 'allen' duidelijk niet tot degenen die het eerst de brief ontvingen. Ja, hij schreef de brief aan bepaalde toehoorders, maar zijn boodschap betreft alle mensen in alle tijden. Het is zelfs zo dat Paulus bij één gelegenheid zegt dat hij een dienaar is van de hele schepping die onder de Hemel is! (Kol. 1:23)

Een schrifttekst die het allen-omvattende werk van Christus samenvat is 2 Kor. 5:19. 'God was het namelijk Die in Christus de wereld met Zichzelf verzoende, en aan hen hun overtredingen niet toerekende; en Hij heeft het woord van de verzoening in ons gelegd.'

Zelfs de klassieke passage uit Rom. 9-11 die gebruikt is om het idee dat 'sommige' zijn uitverkoren en 'sommige' zijn verworpen, eindigt met deze conclusie: 'Want God heeft hen allen in ongehoorzaamheid opgesloten om Zich over allen te ontfermen.' (Rom. 11:32)

Als je alle drie de hoofdstukken in de context leest, zul je zien dat de 'uitverkorenen' de 'niet-uitverkorenen' worden en de 'niet-uitverkorenen' worden de 'uitverkorenen'. Niet uitverkoren zijn is niet een blijvende staat die onveranderbaar is, maar eerder een tijdelijke staat waarvoor maar één definitieve oplossing is. De Message-vertaling zegt het zo mooi:

'Er was een tijd, niet zo lang geleden, dat u God ongehoorzaam was. Maar toen sloegen de Joden de deur voor Hem dicht en kreeg u nieuwe kansen. Nu staan zij buiten. Maar nu de deur voor u wijd open staat, kunnen ook zij weer terug naar binnen. Hoe dan ook zorgt God

ervoor dat we ALLEMAAL ervaren wat het betekent om buiten te staan zodat Hij persoonlijk de deur open kan doen en ons terug binnen kan verwelkomen.'
Rom. 11:30-32 MSG

Het is duidelijk: allen betekent allen. De reikwijdte van wat Christus voor de mens heeft gedaan omvat allen – de wereld werd verzoend, de wereld werd vergeven.

Meditatie:

'Want het heeft de Vader behaagd dat in Hem HEEL de volheid wonen zou, en dat Hij door Hem ALLE dingen met Zichzelf verzoenen zou, door vrede te maken door het bloed van Zijn kruis, ja door Hem, zowel de dingen die op de aarde zijn als de dingen die in de hemelen zijn.'
Kol. 1:19-20

Bevestiging:

God heeft met succes allen met Zichzelf verzoend en geeft me zo de vrijmoedigheid om iedereen te benaderen, wetende dat Hij Zijn oproep door mij heen doet.

Gesprek:

- Wie heeft God met Zichzelf verzoend?
- Bespreek wat het betekent dat God Zijn oproep door ons heen doet.

Opdracht:

Schrijf een stukje waarin je laat zien hoe Adam en Jezus allebei de hele mensheid vertegenwoordigden.

WEEK 15
IEDEREEN – DE FOCUS VAN ZIJN LIEFDE

Binnen het enorme en allen-omvattende karakter van deze verlossing, bewaarde God zijn aandacht en het geweldige effect ervan, voor ieder mens apart. Zoals de Message vertaling het zo prachtig zegt: 'God telt ons niet; hij roept ons bij naam. Hij houdt zich niet bezig met rekenkunde.' (Rom. 9:27)

God is geen vermenigvuldiger, maar een schepper. Hij ontwierp jou op unieke en persoonlijke wijze. Jij was vanaf het begin in Zijn gedachten. 'Immers zoals Hij (in Zijn liefde) ons koos (eigenlijk uitverkoos voor Hemzelf als eigendom) in Christus, vóór de grondlegging der aarde, opdat we heilig (gewijd en voor Hem apart gezet) en onschuldig zouden zijn in Zijn ogen, boven elk verwijt, voor Hem in liefde.' (Ef. 1:4 vertaald uit Amplified Bible)

Zijn liefde is niet een algemeen gevoel van welwillendheid jegens de mensheid, maar een intense liefde, die zelfs voordat de tijd een aanvang nam begon, toen Hij over jou persoonlijk droomde. Hij kende je zelfs voordat Hij je vormde in je moeders schoot. [1]

---

[1] Jer. 1:5

'HEERE, U doorgrondt en kent mij.
Ú kent mijn zitten en mijn opstaan.
U begrijpt van verre mijn gedachten.
U onderzoekt mijn gaan en mijn liggen.
U bent met al mijn wegen vertrouwd.

Al is er nog geen woord op mijn tong,
zie, HEERE, U weet het alles.
U sluit mij in van achter en van voren,
U legt Uw hand op mij.

Mijn beenderen waren voor U niet verborgen,
toen ik in het verborgene gemaakt ben
en geborduurd werd in de laagste plaatsen van de aarde.
Uw ogen hebben mijn ongevormd begin gezien,
en zij allen werden in Uw boek beschreven,
de dagen dat zij gevormd werden,
toen er nog niet één van hen bestond.'
(Psalm 139:1-5; 15-16)

Kan het persoonlijker, intiemer zijn dan dat? Hij kende jou, droomde over jou en voorzag elk detail van je leven, voordat je werd gevormd!

Op een gegeven moment vraagt Jezus aan Zijn discipelen: 'Wie zeggen de mensen dat Ik, de Zoon des mensen, ben?

Ze zeiden: Sommigen: Johannes de Doper, en anderen: Elia, en weer anderen: Jeremia of een van de profeten.'2

Voor velen van ons was er een tijd dat we Jezus alleen kenden door wat iemand anders ons over Hem had verteld. En er zijn veel meningen over Jezus. Maar er komt een tijd dat Hij jou rechtstreeks vraagt: "Maar u, wie zegt u dat Ik ben?"

Zijn kennis van jou is niet algemeen. Hij kent zelfs het aantal haren op je hoofd! Hij verlangt ernaar dat jouw kennis van Hem net zo persoonlijk en intiem zal zijn.

DE INTENSITEIT VAN DE VLEESWORDING

Toen het Woord vlees werd, had dat zowel universele als persoonlijke gevolgen. Hij omarmde de mensheid én jouw wezen persoonlijk. Hij maakte jouw zaak tot de Zijne. Je was erbij toen jouw Schepper, jouw Ontwerper, jouw Auteur mens werd in de persoon van Christus Jezus.

De verhouding tussen God en mens was vervuld, voltooid en vervolmaakt in deze ene God-mens persoon; Christus Jezus. Wij worden uitgenodigd in een reeds volmaakte relatie. 'God is getrouw, door Wie u geroepen bent tot de gemeenschap van Zijn Zoon Jezus Christus, onze Heere.'3

---

2 Mat. 16:13-14
3 1 Kor. 1:9

Dit heeft niet alleen betrekking op gemeenschap met Jezus, maar ook op gemeenschap van Jezus. Met andere woorden: dezelfde kwaliteit van gemeenschap die Jezus geniet met de Vader, is dezelfde kwaliteit waartoe jij bent geroepen.

Liefde ziet uit naar een antwoord van gelijke kwaliteit. Liefde wil wakker maken en in beweging zetten. 'Maar ik, vrijgesproken door U, mag uw gelaat aanschouwen wanneer ik ontwaak, verzadigd worden met Uw beeld.' (Ps. 17:15 WV en HSV)
Dit is deels wat bekering betekent: bij zinnen komen, tot jezelf komen, ontwaken!

Wij kunnen kiezen voor God, omdat Hij voor ons koos. Wij hebben lief, omdat Hij ons eerst liefhad. We kunnen in geloof antwoorden, als weerspiegeling van het geloof dat Hij in ons heeft. Deze liefdesverhouding, deze extase laat geen ruimte voor formele protocollen en mechanische antwoorden. Antwoord gewoon op een natuurlijke manier op de liefde die Hij kenbaar maakt.

Tot besluit: De reikwijdte van Gods liefde is 'allen', de focus van Zijn liefde is ieder apart. Als we de 'allen' begrijpen, motiveert ons dat om tot ieder persoon te spreken. Het verkondigen van het evangelie beoogt niet minder dan een persoon naar een plek te brengen van intieme ontmoeting met God. Om dat te doen moeten we deze twee aspecten begrijpen. Ten eerste; deze persoon hoort erbij, hij of zij is deel van 'allen'. En ten tweede; deze persoon wordt persoonlijk door God gekend en bemind. Wat een goed nieuws!

MEDITATIE:

'Mijn beenderen waren voor U niet verborgen,
toen ik in het verborgene gemaakt ben
en geborduurd werd in de laagste plaatsen van de aarde.
Uw ogen hebben mijn ongevormd begin gezien,
en zij allen werden in Uw boek beschreven,
de dagen dat zij gevormd werden,
toen er nog niet één van hen bestond.'
Ps. 139:15-16

BEVESTIGING:

Hij kende mij vanuit Zijn hart voordat Hij mij vormde. Ik werd persoonlijk inbegrepen in Christus – ik ben de focus van Zijn liefde.

Gesprek:

- Deel een kort getuigenis van hoe jij persoonlijk je realiseerde wie Christus is.

Opdracht:

Schrijf een stukje waarin je de persoonlijke en intieme relatie beschrijft waar God naar verlangt, zoals zichtbaar is in Jezus Christus.

WEEK 16
Het Woord werd Vlees

Het Woord is vlees geworden. (Joh. 1:14) Johannes kiest het woord 'vlees'. Hij had kunnen zeggen: het woord werd mens, maar hij kiest vlees. Waarom? Van alle eigenschappen van een mens - ons intellect, onze sociale interactie, onze spiritualiteit - is vlees het meest basaal. Het woord 'vlees' staat voor het gebied (de arena) waar conflicten en verleidingen alle kans kregen. Het vlees werd het domein van de zonde. Jezus werd in ieder opzicht mens, omdat alleen dat wat Hij is geworden, gered kan worden.

Jezus kwam niet op deze aarde met een bovennatuurlijke bescherming tegen het kwaad dat de mensheid plaagt. Het was in dit gebied van strijd, in onze menselijkheid met al zijn tegenstrijdigheden, verleiding en zwakte waarin Christus binnentrad. De overheersing van de dood, de gebondenheid en de vervloeking door Adam binnengevoerd, en het daaropvolgende rechtvaardige oordeel van God – dat was de menselijke toestand waarin Christus werd geboren. Paulus zegt het zo: 'Maar toen de volheid van de tijd gekomen was, zond God Zijn Zoon uit, geboren uit een vrouw, geboren onder de wet, om hen die onder de wet waren, vrij te kopen, opdat wij de aanneming tot de kinderen zouden ontvangen.'[1]

[1] Gal. 4:4-5

Het ware licht kwam in het koninkrijk van de duisternis en weigerde gedimd of gedoofd te worden. De ware mens trad binnen in de gevallen mensheid, maar weigerde zich te onderwerpen aan de leugen van een mindere identiteit. Hij wist dat de zonde niet bij ware menselijkheid hoorde, maar bij onmenselijkheid. Hij trad binnen in een mensdom dat vijandig was jegens God, maar liet niet toe dat Zijn beeld en kennis van God werden vervalst. Hij weigerde God te zien als de vijand. Hij voerde het bestaande conflict naar een climax en door dat te doen, veroordeelde Hij de zonde in het vlees. 'Want wat voor de wet onmogelijk was, krachteloos als zij was door het vlees, dat heeft God gedaan: Hij heeft Zijn eigen Zoon gezonden in een gedaante gelijk aan het zondige vlees en dat omwille van de zonde, en de zonde veroordeeld in het vlees.'[2]

Hij identificeerde zich volkomen met de gevallen mens, onderwierp zich volledig aan de strijd die de zondige mens streed. Toch bleef Hij zonder zonde. De doop van Johannes was een doop van berouw – daarom wilde Johannes niet dat Christus gedoopt zou worden. Maar de doop van berouw was onderdeel van Christus' vertegenwoordiging van de mens, Zijn identificatie met de zondige mens en Zijn berouw namens hen. Dit maakte deel uit van hoe Christus alle rechtvaardigheid vervult en voldeed aan de

---

[2] Rom. 8:3

rechtvaardige eisen die aan de mens onder de wet werden gesteld.

Het is juist in deze daad van vleeswording dat de verlossing van het vlees begint, dat de overheersing van de zonde werd gebroken en dat de mens hersteld werd in vrijheid en vrijgemaakt werd van een vreemde overheerser. Hij wordt de laatste Adam; Hij beëindigt de overheersing van zonde en dood in de mens. Door Zijn volmaakte gehoorzaamheid in dit vlees openbaart Hij de leugen van het koninkrijk van de duisternis en maakt een definitief einde aan een mensheid die leefde in onderwerping aan deze valse identiteit. Door dat te doen, wordt Hij de eerstgeborene van de nieuwe schepping. De eerste mens in wie God niet geblokkeerd of beperkt wordt door het vlees, maar in Wie de volheid van God in lichamelijke vorm woont.[3]

Laten we even samenvatten voordat we verder gaan. De verlossing is niet een bepaalde daad in het leven van Jezus – ze kan niet beperkt worden tot Zijn dood of welke andere gebeurtenis ook, maar begint en wordt volkomen in de vleeswording. Zijn dood, opstanding en hemelvaart (waarover later meer) zijn allemaal onderdeel van en gebeuren binnen de context van de vleeswording, van de God-mens vereniging in de persoon van Christus.

---

[3] Kol. 2:9

MEDITATIE:

'Want in Hem woont heel de volheid van de Godheid lichamelijk. En u bent volmaakt geworden in Hem.'
Kol. 2:9-10

BEVESTIGING:

Ik ben Zijn werk, ontworpen door Hem en voor Hem. Mijn lichaam is voor Hem geen obstakel, maar Zijn mogelijkheid om te leven en bewegen en Zijn wezen in deze wereld aanwezig te laten zijn, in lichamelijke vorm!

Gesprek:

- Bespreek de betekenis van het feit dat Jezus als mens de zonde heeft overwonnen (Rom. 8:3) en wat dat voor jou betekent.
- Bespreek de betekenis van de vleeswording als context waarbinnen Christus Jezus leefde, stierf en verrees.

Opdracht:

Schrijf een stukje waarin je de vleeswording bespreekt als context waarin Christus Jezus leefde, stierf en verrees.

WEEK 17
BEELDEN VAN VERLOSSING

Het Oude Testament gebruikt voornamelijk drie woorden om de verlossing te beschrijven. Er is een duidelijke overlap in de betekenis van deze woorden, maar ieder woord heeft ook een eigen nadruk.

1. Padah

Het eerste Hebreeuwse woord dat we zullen onderzoeken is padah.

Dit woord benadrukt meestal de prijs van de verlossing en de manier waarop de verlossing plaatsvindt. Het is interessant dat het voorwerp van verlossing altijd een levend iets is, en dat zo het vervangingsidee van 'een leven voor een leven' is ontstaan.

Aanvankelijke wordt padah gebruikt in verband met de verlossing van Israël uit Egypte.[1]

Padah wordt gebruikt om de verlossing te beschrijven van Gods volk, Gods eigendom, van een vreemde overheersing en van het oordeel van God. De verlossing van Israël omvatte zowel de bevrijding van Egypte – de vreemde <u>macht</u> – als die van de engel des doods die door God

[1] Ex. 13:14; Deut. 9:26; 13:5 en 15:15

gezonden was. Bij de verlossing hoorde daarom een offer – het paaslam.

Er wordt nooit en te nimmer waar dan ook gesuggereerd dat er losgeld aan de vijand wordt betaald. God onderhandelde niet met Egypte, betaalde ook geen losgeld voor Israël omdat Israël nooit bij Egypte hoorde!

2. Kipoer, kopher (verlossen, losgeld)
Kipoer wordt gebruikt om de verlossing in termen van de handeling van het wegdoen van zonde of schuld te beschrijven; het nietig verklaren van het effect van de zonde door de voorziening van een offer. Het wordt zowel gebruikt in de context van de wet[2] als van de priesterlijke rituelen van het brengen van verzoeningsoffers.

Het oordeel van God is door veel mensen verkeerd begrepen. Maar om 'verlossing' te kunnen begrijpen, moeten we ook 'oordeel' begrijpen. Gods rechtvaardige oordeel is niet iets wat in tegenspraak is met Zijn liefde – God is niet in conflict met Zichzelf. Zijn rechtvaardig oordeel is net zozeer onderdeel van Zijn liefde als Zijn vergeving.

Gods toorn en oordeel richt zich tegen alles wat scheiding teweeg brengt, tegen alles wat probeert af te doen aan de zuivere en intieme relatie die Hij ontwierp.

---

[2] Ex. 21:28-30

Het is juist omdat Hij van de mens houdt dat Hij de zonde oordeelt. Zijn oordeel is niet tegen de mens als zodanig, maar tegen alles wat de mens minder maakt dan Zijn oorspronkelijke ontwerp. God neemt geen genoegen met een relatie die minder is dan wat Hij bedoeld heeft.

De mens echter is verantwoordelijk voor het toelaten of zoeken van scheiding en voor het kiezen van een andere en mindere manier van leven. Zo begon de mens zichzelf bloot te stellen aan wat onderworpen is aan Gods rechtvaardige oordeel. De mens zelf heeft geen middelen tot verzoening en geen mogelijkheden om een offer te brengen dat aan dit rechtvaardige oordeel kan voldoen.

Maar God bedacht een manier waarin Hij zowel rechtvaardig als de rechtvaardiger van de mens kon zijn; een manier waarop Hij de zonde volledig kon oordelen en het scheidingseffect ervan kon vernietigen, zonder de mens te vernietigen. Hij voorziet in het verzoeningsoffer voor de mens en verzoent de mens zodoende weer met Zichzelf. Hij oordeelt én vergeeft in dezelfde handeling. Verzoening is niet het bedekken van Gods gezicht zodat Hij de zonde niet meer opmerkt. Nee! Het is Gods manier om de mens te bedekken en te beschermen door de zonde te oordelen en te vernietigen.

Hierdoor was het offersysteem van Israël volkomen anders

dan alle andere erediensten. De heidense offers waren bedoeld om hun goden tevreden te stellen. Maar voor de offers van het Oude Verbond gaf God opdracht – het was Zijn initiatief om Zijn mensen te verzoenen en te redden van hun zonden. God voorziet in de verzoening![3]

3. Gaal (vrijkopen of verlossen) / Goel (losser of verlosser)
Hier ligt de focus vooral op de natuur/aard van de (ver)losser. Het woord heeft een rijke en mooie achtergrond in het familiebezitsrecht en verwijst naar de vrijkoping van een faillissement of verplichting door bloedverwantschap. Het gaat dan om vrijkoping van een familielid die aan een verwant verbonden is in gemeenschap van goederen en nu in moeilijkheden is gekomen.

Als het woord gaal wordt gebruikt, betekent het dat er een claim wordt gelegd op iets dat verloren gegaan of verspeeld is. Als het zelfstandig naamwoord goel wordt gebruikt, beschrijft het de eiser die, op basis van een verantwoordelijkheidsrelatie, als vrijkoper in aanmerking komt. Het object van vrijkoping kan een bezit zijn, of een persoon die zichzelf heeft verkocht als slaaf. Het boek Ruth is hiervan het beste voorbeeld in het Oude Testament.

DE WERKELIJKHEID VAN VRIJKOPING/VERLOSSING IN CHRISTUS

Deze beelden geven ons een prachtig inzicht in onze

---
[3] Deut. 21:8; Ps. 65:4

verlossing in Christus Jezus. Jezus komt naar deze wereld als rechtmatige eigenaar en familielid van de mensheid. Hij komt als iemand die verbonden is met de mensheid. Als iemand die al een relatie met de mensheid heeft door onze gemeenschappelijke oorsprong.4 Hij komt om te claimen wat al van Hem is. Hij eigent zich onze zaak toe als die van Zichzelf.

Zijn relatie met de mensheid wordt op de meest fundamentele manier getoond wanneer Hij vlees van ons vlees wordt en been van ons gebeente.

Het is interessant om op te merken dat degenen die verlost worden, niet pas een relatie krijgen met de verlosser ná de verlossing of wanneer ze de verlossing aannemen. Verlossing is alleen mogelijk omdat de verlosser al een band heeft met hen die hij verlost!

Onze verlossing in Christus Jezus is gebaseerd op het feit dat Hij familie van ons is: we hebben dezelfde oorsprong.

De mensheid behoort God toe. Het kwaad heeft de mens nooit rechtmatig kunnen opeisen of bezitten. De verlossing in Christus Jezus betekent bevrijding van een vreemde overheersing én bevrijding van het rechtvaardige oordeel van God tegen de zonde. En deze verlossing draagt de hoogste prijs.

---

4   Hebr. 2:11; Hand. 17:26

Als de eniggeboren Zoon van God vlees wordt, neemt hij de menselijke zaak op als die van Hem zelf. Hij krijgt te maken met de vreemde overheid. Niet als een God op afstand, maar Hij betreedt zelf de arena van het conflict en Hij identificeert zich volkomen met de slavernij en de zwakheid van de mens. Jezus krijgt te maken met verleiding, waarbij Zijn identiteit aan de orde wordt gesteld. Hij krijgt alle gelegenheid om aan God te twijfelen en Hem wordt de gelegenheid geboden om zich te onderwerpen aan een andere autoriteit. (Mat. 4) Maar Hij weigert.
Hoewel Hij geboren werd uit een vrouw, deel van het ras dat leefde onder de vloek van Adams ongehoorzaamheid, weigert Hij deze valse identiteit. Hij blijft volmaakt gehoorzaam aan de enige rechtmatige autoriteit. Door Zijn volmaakte gehoorzaamheid veroordeelt Hij de mindere identiteit in het vlees en maakt zo de weg voor ons vrij om ons ware zelf weer te zijn.

In Romeinen 7 spreekt Paulus over de toestand van de mens onder de wet. Hij heeft het over de vreemde macht of overheid in hem die hem dwong dingen te doen die hij niet wilde. Dat is slavernij aan de zonde. Slavernij aan een manier van denken en doen die zeer ver afstaat van ons oorspronkelijk ontwerp. Zelfs in deze staat erkent Paulus nog steeds dat de zonde van nature niet bij de mens hoort, maar dat het iets is buiten hem en toch in hem aanwezig. De conclusie is helder: een mens kan nog zo zijn best doen, maar hij is niet bij machte zichzelf te bevrijden en te verlossen.

Dat doet me denken aan wat Jezus zei over het binnengaan in het huis van een sterke. (Mat. 12:29). De zonde vond een thuis in het vlees van de mens en werd een sterke en verslavende aanwezigheid. Maar een nog sterkere kwam het huis binnen, bond de zonde en maakte hem machteloos! Christus kwam in het menselijk lichaam en veroordeelde de zonde in het vlees. Als jij geen medewerking verleent of toestemming geeft, heeft de zonde geen macht of invloed omdat de zonde zelf machteloos is. Er is een sterkere gekomen die ons de mogelijkheid heeft gegeven om te regeren en heersen in het leven, zelfs in ons vlees. Dit vlees is nu de tempel geworden, de woonplaats van de Allerhoogste God!

Meditatie:

'Omdat Hij die de reddende daad verrichtte dezelfde oorsprong heeft als degenen die hij redde en herstelde in onschuld, introduceert hij hen vol trots als leden van zijn naaste familie.'
Heb. 2:11 Mirror Vertaling

Bevestiging:

Jezus is mijn bloedverwante verlosser. Hij kwam en maakte mijn zaak tot de Zijne door Zichzelf met mij te verbinden. Hij is vóór mij, wie kan er tegen mij zijn!

Gesprek:

- Wat was de prijs van de verlossing?
- Bespreek de handeling van verlossing.
- Bespreek de natuur van de bloedverwante verlosser.

Opdracht:

Schrijf een stukje over de bloedverwante verlosser en hoe dat verband houdt met de relatie van Jezus met de mensheid.

WEEK 18
VERZOENING (AT-ONE-MENT)

Jezus openbaart de God die met ons is in alle tegenstrijdigheid en conflict. De God die aanwezig is, zelfs in pijn. De Ene die jou beter begrijpt dan jijzelf, want Hij observeert je niet van een afstandje, maar Hij ervaart alles wat jij ervaart. Hij weet het wanneer je zit en wanneer je opstaat. Hij kent je gedachten van verre en ieder woord dat van je lippen komt nog voordat je het gesproken hebt. Hij kent je volkomen.

Uiteindelijk legt de alwetende, almachtige, alom aanwezige God in de persoon van Jezus Christus al deze goddelijke privileges af en onderwerpt Zichzelf aan onze onzekerheden en begrenzingen. Hij beperkt Zichzelf tot een menselijk lichaam. In één persoon op één plaats. Hij identificeert zich volledig met ons. Dit doet Hij allemaal zonder op te houden God te zijn.

Deze identificatie bereikt zijn hoogtepunt op het kruis. Hier gaat een onsterfelijke God de dood tegemoet; hier zal God zelf ervaren wat het is om van God verlaten te zijn.

Jezus heeft de mentaliteit van de gevallen mensheid compleet aangenomen en deelt zelfs in onze twijfel als

Hij uitroept: "Mijn God, mijn God, waarom hebt U mij verlaten?" (Mat. 27:46; Mar. 15:34)

Hij laat de onwankelbare aard van Zijn geloof zien. Niet door onze twijfels te vermijden, maar door ze op Zich te nemen en uit te schreeuwen namens ons. Dan geeft Hij Zelf antwoord op die vraag, door in de diepste wanhoop af te dalen naar het rijk van het kwaad zelf. En te midden van dat alles laat Hij zien dat God nog steeds aanwezig is. "Want Hij heeft de ellendige in zijn ellende niet veracht en niet verafschuwd; Hij heeft Zijn aangezicht niet voor Hem verborgen, maar Hij heeft gehoord, toen hij tot Hem riep." (Ps. 22:25)

"Want Hem die geen zonde gekend heeft, heeft Hij voor ons tot zonde gemaakt, opdat wij zouden worden gerechtigheid van God in Hem." (2 Kor. 5:21)

Op dezelfde manier waarop Hij zonde werd (zonder persoonlijk te zondigen, zodat wij de gerechtigheid van God zouden worden in Hem), zo zag Hij al onze twijfel en nam die op Zich, zodat wij deelgenoot zouden kunnen worden van Zijn geloof.

Jezus loste onze problemen niet op door uit de verte met een toverstaf te zwaaien. Hij trad midden in het conflict en stapte in het rijk van de tegenstelling. Hij kwam binnen in onze hel, ging de confrontatie met de dood aan en van daaruit overwon Hij.

Verzoening (Eng.: atonement) is Zijn een-wording (at-one-ment) met ons. De vroege kerkvaders zeiden het zo: 'Wat niet opgenomen is, is niet genezen, maar alles wat Hij wordt, is door Hem gered.'

Hij laat de integriteit van Zijn vrede zien; niet door onze problemen te vermijden, maar door de hele mensheid met alle problemen en kwesties te omarmen, zonder Zijn vrede te verliezen.

Hij kent jou, Hij begrijpt je beter dan jij jezelf. Hij kent ieder detail van je leven volkomen. En Hij houdt van je. Hij houdt zich niet afzijdig of op de vlakte. De vleeswording is de gebeurtenis waarin God zijn vereniging met de mensheid toont. Met alle uitdagingen en tegenstellingen van dien. Zo brengt Hij jou Zijn vrede. Ongeacht de omstandigheden waarin je verkeert.

Hij toont de sterkte van Zijn leven. Niet door de dood te vermijden, maar juist door er binnen te gaan en daar midden in de grootste tegenstrijdigheid te ontspringen in opstandingsleven.

MEDITATIE:

'Want Hij heeft de ellendige in zijn ellende niet veracht en niet verafschuwd; Hij heeft Zijn aangezicht niet voor Hem verborgen, maar Hij heeft gehoord, toen hij tot Hem riep.' (Ps. 22:25)

BEVESTIGING:

Ik ben nooit alleen. God toonde Zichzelf als de God die met mij is.

Gesprek:

- Wat betekent verzoening/een-wording (at-one-ment)?
- Wat zegt dit over het karakter van God?

Opdracht:

Schrijf een stukje over de mate waarin God zichzelf één heeft gemaakt met jou.

Je bent bemind. Je was altijd al bemind en je zult altijd bemind zijn, want God is liefde.
Hearhim.net

WEEK 19
DE OPSTANDING

Aan rechtvaardiging zitten twee kanten. Aan de ene kant is dat het rechtvaardige oordeel over de zonde en aan de andere kant is het de rechtvaardiging van de mens. 'Die om onze overtredingen is overgeleverd, en opgewekt om onze rechtvaardiging.'
(Rom. 4:25)

De opstanding is Gods onweerlegbare verklaring dat de mens rechtvaardig is. Zoals Zijn dood het definitieve 'Nee!' was aan de alternatieve mens, zo is Zijn opstanding het ultieme 'Ja!' aan de oorspronkelijke mens. Het is de rechtvaardiging en de definitieve overwinning van Gods oorspronkelijke ontwerp van de mens. Zijn dood leidde het conflict tussen deze keuzen tot een hoogtepunt. Zijn opstanding betekent het einde van alle strijd, het bewijs van Zijn overwinning.[1]

Alle tegenspraak tussen God en de mens werd beëindigd in de opstanding. Dit betekent dat Gods werkelijkheid nu voor ons beschikbaar is.[2] Zijn waarheid, die boven discussie of tegenspraak staat, is toegankelijk voor ons om in te leven. Zijn Woord is niet vruchteloos naar Hem

---
1 Ef. 2:14-18
2 Kol. 3:1

teruggekeerd, maar heeft Zijn doel bereikt. De kloof tussen de hemel en de aarde, Zijn gedachten en onze gedachten, Zijn werkelijkheid en onze werkelijkheid, is overbrugd. Zoals Hij is, zo zijn wij in deze wereld!

De liefdesdroom van God ging niet alleen over het verwijderen van alles wat Hij verafschuwde. Het hield ook het herstel in van de schoonheid en glorie van alles wat Hij bemint en verlangt. In Zijn opstanding werd de mensheid hersteld tot de totale onschuld en schoonheid die Hij liefheeft. Onze onschuld is zoveel meer dan de afwezigheid van zonde, het is de zuiverheid en levendigheid van ons ware zelf. Van onszelf dat uit God geboren is.

De opstanding is meer dan zomaar een gebeurtenis die volgt op de gebeurtenis van Zijn dood. Jezus zei: "Ik ben de Opstanding en het Leven." (Joh. 11:25)
De Opstanding is Jezus Christus die Zichzelf is: levend in de volle werkelijkheid van hoe God het leven van de mens altijd al had bedoeld. Een leven zonder enig bewustzijn van zonde. Zelfs niet een bewustzijn van goed en kwaad, maar slechts een bewustzijn van vereniging met de Vader. Het opstandingsleven is een leven van heerschappij, waar de enige herinnering aan een vijand, een herinnering van overwinning is.

MEDITATIE:

'Houd je steeds enthousiast bezig met het resultaat van jouw mede-opgenomen zijn in Christus. Vernieuw jezelf geestelijk! Door Zijn opstanding ben jij mede opgeheven naar dezelfde positie van autoriteit, gezeten in de kracht van Gods rechterhand.

Als je bekend raakt met de dingen die boven zijn, de gedachten van de Troonkamer, zal dat ervoor zorgen dat je niet opnieuw afgeleid wordt door de aardse (door de ziel geregeerde) sfeer.'

Kol. 3:1-2 (Mirror Translation)

BEVESTIGING:

Ik ben met Christus mede-opgeheven en met Hem mede-gezeten. De troonkamer is niet mijn eindbestemming, maar mijn beginpunt!

Gesprek:

- Bespreek hoe de opstanding de volledige manifestatie is van wie Jezus is.
- Bespreek de gevolgen van het feit dat wij zijn inbegrepen bij Zijn opstanding.

Opdracht:

Schrijf een stukje waarin je vertelt wat het opstandingsleven is en richt je daarbij op de overwinning op de vijand en de dood.

WEEK 20
Het opstandingsleven nu

De opstanding is een scheppende gebeurtenis waarbij het fysieke lichaam van Jezus werd hersteld, herschapen en opnieuw geschikt werd gemaakt voor het leven. De opstanding is niet slechts een abstract spiritueel concept, maar een leven om geleefd te worden in het vlees. Dit is het duidelijkste bewijs dat God het menselijke lichaam niet ziet als een obstakel voor het leven, maar als een voertuig waar doorheen het uitgedrukt kan worden.

De vleeswording is blijvend. God heeft een definitieve keuze gemaakt aangaande Zijn
meest gewenste vorm van bestaan. Hij koos ervoor om mens te worden en Hij koos ervoor om mens te blijven, want in de mens vindt hij onbelemmerd uitdrukking.[1]

Rom. 5:17 beschrijft dit opstandingsleven als een leven van regeren en heersen. Rom. 6:11 beschrijft het als ongebroken, ononderbroken gemeenschap. 'Zo dient ook u uzelf te rekenen als dood voor de zonde, maar levend voor God (in ononderbroken vriendschap met Hem) in Christus Jezus, onze Heere.' (Amp)

De uitwerking van de opstanding is niet verborgen tot aan

[1] Kol. 1:18-19; 2:9

een toekomstige dag wanneer je sterft. Zijn dood betekent dat een vernieuwd leven NU voor ons beschikbaar is! De rest van Romeinen 6 laat zien hoe het leven in het vlees nu voor God een mogelijkheid is geworden (om zich te uiten), in plaats van te worstelen met zonde.

GOD VERSTRENGELD MET ZIJN SCHEPPING

Gelukkig hangt ons geloof niet af van wetenschappelijke feiten, maar van een God die Zichzelf openbaart. De wetenschap, hoe aanvullend ook op ons geloof, is niet bedoeld om ons geloof te bewijzen, of de basis te zijn van ons geloof. Toch kan het zeker ons geloof bevestigen.

Er zijn veel goede bronnen en Youtube-video's die tot in detail de wetenschap achter 'verstrengeling' of 'non-locatie' uitleggen. Het volgende is een heel basale uitleg ervan:

Als twee elektronen uit dezelfde bron voortkomen zijn ze verstrengeld. Eén van deze elektronen kan naar de andere kant van het universum worden gestuurd, maar op de een of andere manier blijven ze verbonden! Als je iets met de een doet, reageert het andere elektron onmiddellijk. Dit is al proefondervindelijk bewezen bij afstanden van meer dan 100 kilometer.

We kennen niets dat sneller reist dan licht, maar toch is hier het bewijs van een dimensie die objecten verbindt zonder enige beperking van ruimte of tijd. Een wetenschapper beschreef het als volgt: Gisin speculeert dat de een of andere 'invloed' die van 'buiten tijd en ruimte' komt beide experimenten zou kunnen beïnvloeden. Gisin zegt dat hij hiermee bedoelt dat er 'binnen tijd en ruimte geen verhaal is' om het buitenruimtelijke c.q. non-locatiteit te verklaren. (http://www.informationphilosopher.com/solutions/scientists/gisin/)

In werkelijkheid zijn deze elektronen nog steeds met elkaar verstrengeld of verbonden. Alles heeft een gemeenschappelijke oorsprong en dus is alles in werkelijkheid nog steeds verbonden... Nog steeds in contact!

Nog een vreemd feit van deze subatomische wereld is dat zelfs de handeling van het observeren, de toestand verandert van datgene wat geobserveerd wordt.

Wat heeft dit alles te maken met de opstanding van Jezus Christus?
Welnu, Adam, de kroon van de schepping, heeft de hele werkelijkheid, door één daad van ongehoorzaamheid, verstrengeld in een neerwaartse spiraal van verderf en corruptie.[2]
De Enige die de oorspronkelijke parameters en de

---
[2] Rom. 8:20

oorspronkelijke situatie van de hele schepping kende, is de Auteur, de Schepper. In Jezus Christus raakt God verstrengeld en intiem verbonden met Zijn schepping. Hij is volkomen consistent. Het verderf en de invloed van de val veranderen Hem niet. Hij verandert het! Zijn vleeswording, Zijn verstrengeling met onze werkelijkheid is het begin van 'de verzoening van alle dingen' zoals Paulus het verwoordt in Kol. 1:20.

Paulus beschrijft de reikwijdte van de verstrengeling van Christus met de schepping als volgt: 'Alle dingen zijn door Hem en voor Hem geschapen. En Hij is vóór alle dingen, en alle dingen bestaan tezamen door Hem.' (Kol. 1: 16,17)

In de explosieve gebeurtenis van de opstanding wordt de ware kracht van deze verstrengeling, deze verbondenheid met de schepping, het meest zichtbaar. Dit is de geboorte van de nieuwe schepping. Hiermee laat God Zichzelf met zo'n helderheid en zuiverheid zien, met als gevolg dat alles wat met Hem verbonden is, onmiddellijk van toestand en richting verandert.

Zoals Adam de hele schepping verstrengelde in een neerwaartse spiraal van verderf, zo verstrengelt de opstanding van Christus de hele schepping. Hij veranderde de richting en 'aan de uitgebreidheid van deze heerschappij en aan de vrede zal geen einde komen.'

(Jes. 9:6)

Wat is onze bijdrage aan deze nieuwe schepping? Welnu, lang voordat we wisten dat observatie dingen verandert, zeiden de Schriften: 'Wij allen nu, die met onbedekt gezicht de heerlijkheid van de Heere als in een spiegel aanschouwen, worden van gedaante veranderd naar hetzelfde beeld, van heerlijkheid tot heerlijkheid, zoals dit door de Geest van de Heere bewerkt wordt.' (2 Kor. 3:18)

Onze waarneming verandert datgene wat we zien.

MEDITATIE:

'Zo dient ook u uzelf te rekenen als dood voor de zonde, maar levend voor God (in ononderbroken vriendschap met Hem) in Christus Jezus, onze Heere.'
Rom. 6:11

BEVESTIGING:

Ik ben tot de conclusie gekomen dat ik inderdaad dood ben voor de zonde; ik heb er geen relatie meer mee omdat die relatie gestorven is toen ik met Christus gestorven ben. Ik ben ook tot de conclusie gekomen dat ik mede-opgenomen ben in Zijn Opstanding. Dat betekent dat Zijn leven nu mijn leven is.

GESPREK:

- Bespreek het feit dat het opstandingsleven nu beschikbaar is.
- Wat betekent het om 'jezelf dood te rekenen voor de zonde en levend voor God'? Op welke basis kun je dat doen?
- Bespreek Kol. 1:17

OPDRACHT:

Schrijf een stukje waarin je de opstanding van Christus viert. Hoe was deze gebeurtenis het begin van een nieuwe schepping?

WEEK 21
NIEUWE WERKELIJKHEID

Toen Jezus de voeten van zijn discipelen waste, maakte Hij zichzelf nederig in deze handeling van dienstbaarheid zonder Zijn waardigheid of waarde te verliezen.[1] Als je zekerheid hebt over je identiteit, dan wordt het jezelf nederig maken in dienstbaarheid veel makkelijker, want zo'n daad maakt je niet minder, maar bevestigt juist de zekerheid en onveranderlijkheid van je ware identiteit.

Filippenzen 2 beschrijft de vleeswording als een daad waarin God Zichzelf vernederde en de gedaante van een dienaar aannam. God Zelf werd dienaar van de mensheid! Toch werd Hij niet minder in persoon of waardigheid. Hij werd mens zonder ook maar een moment op te houden God te zijn.

In deze zin is de hemelvaart de omkering van de vleeswording. De hemelvaart is de verheerlijking van Christus en van de mens in Christus. Het is de daad waarin God Christus eert en door dat te doen de mens herstelt in de plaats en positie van heerlijkheid die Hij vanaf het begin voor ons bedoeld heeft. Want zo zeker als de mensheid inbegrepen was in de dood en opstanding van Christus, zo zijn we ook inbegrepen in Zijn hemelvaart.

---

[1] Joh. 13

De hemelvaart is de daad waarin de mens opnieuw wordt opgeheven naar de plaats van vereniging met God. Zoals God mens werd zonder op te houden God te zijn, zo is de mens verenigd met God zonder op te houden mens te zijn. Door de vereniging met God verdwijnt de mens niet, maar hij wordt vrijgemaakt om werkelijk mens te zijn.
We blijven duidelijk menselijk in de vereniging met God.

Het Woord dat was in het begin, zelfs vóór tijd en ruimte, kwam onze werkelijkheid binnen, maar bleef ook de God voorbij de grenzen van ruimte en tijd. In de hemelvaart worden we naar dit eeuwige rijk overgebracht waar geen tijd en ruimte bestaat, maar we blijven ook in deze wereld om de tijd te verlossen en God ruimte te geven in dit aardse rijk.

Jaag met ijver de consequentie van je mede-inbegrepen zijn in Christus na. Herplaats jezelf geestelijk! Zijn opstanding tilde jou mee op naar dezelfde positie van autoriteit, gezeten in de kracht van Gods rechterhand. Als je liefdevol vertrouwd raakt met gedachten uit de troonkamer zal je dat ervan weerhouden om afgeleid te worden door het aardse (zielgeregeerde) rijk.

Jouw vereniging met Zijn dood heeft de verbinding met die wereld verbroken; het geheim van jouw leven nu is het feit dat je met Christus geborgen bent in God.

Steeds als Christus als ons leven zichtbaar wordt, worden wij mede-zichtbaar in dezelfde heerlijkheid (beeld en gelijkenis van God) doordat we met Hem verenigd zijn.
(Kol. 3:1-4 Mirror Vertaling).

De rechterhand van God, een plaats van autoriteit ver boven dit aardse rijk, is nu onze thuisbasis! Dit is de nieuwe werkelijkheid waar we mee bekend moeten raken.

Deze plek kan niet nauwkeurig beschreven worden in termen van tijd en ruimte, want het is het eeuwige rijk voorbij de grenzen van tijd en ruimte. Ef. 4:10 zegt dat Hij is neergedaald en opgevaren opdat Hij alle dingen vervullen zou. 'Degene Die neergedaald is, is ook Degene Die opgevaren is ver boven alle hemelen om alle dingen te vervullen.'
De Schepper Zelf is de geschapen ruimte en tijd binnengedrongen: Hij vult zowel de schepping als het rijk voorbij de schepping.

Dit eeuwige rijk is niet ver van ieder van ons, want de grenzen van tijd en ruimte zijn overal om ons heen. In Hem leven, en bewegen wij en bestaan wij.
Waar is de troonkamer?
Waar is deze hemelse plaats?

Overal waar Christus is!
Want Christus is de plaats en het moment waar God en de mens elkaar van aangezicht tot aangezicht ontmoeten, zonder verdeeldheid, scheiding of verwarring.

MEDITATIE:

'Jouw vereniging met Zijn dood heeft de verbinding met die wereld verbroken; het geheim van jouw leven nu is het feit dat je met Christus geborgen bent in God.
Steeds als Christus als ons leven zichtbaar wordt, worden wij mede-zichtbaar in dezelfde heerlijkheid (beeld en gelijkenis van God) doordat we met Hem verenigd zijn.'
Kol. 3:3-4 (Mirror Vertaling)

BEVESTIGING:

Er is geen afstand tussen God en mijzelf. Hij is in mij en ik ben in Hem. Ik ben Zijn plaats op aarde. Door mij heen kan Hij de hemelse werkelijkheden naar de aarde brengen.

Gesprek:

- Bespreek de gevolgen van vereniging met God.
- Wat betekent het om met Hem mede-geopenbaard te worden?

Opdracht:

Schrijf een stukje waarin je de betekenis van het mede-opgeheven zijn met Hem onderzoekt. Onderzoek de gevolgen van het zitten naast Hem in de hemelse gewesten.

WEEK 22
Iemand aan Christus voorstellen

Wat betekent het om iemand aan Christus voor te stellen? Wij zouden nooit de motivatie of het verlangen hebben gehad om te reizen, of om te bedienen en dit evangelie te delen, als we alleen maar de zoveelste mening of de een of andere emotionele religieuze ervaring te bieden hadden. Om mensen door de verkondiging van dit evangelie tot een levende relatie met Christus te zien komen, is het grootste privilege dat er is. Over God spreken is niet per se interessant... Maar God Zelf Zijn oproep laten doen door ons heen is een ervaring die al het andere te boven gaat.

Hier dus een aantal aspecten waar ik me van bewust ben en waarvan ik geloof dat het jou kan helpen, wanneer je mensen met Christus bekend wilt maken:

1. De God van het initiatief
Ik vind het zo fijn dat we niet te maken hebben met een afstandelijke, boze God. Ee God die wantrouwig al jouw gedachten en handelingen tegen het licht houdt om te zien of je het wel waard bent om Hem te ontmoeten. Nee! Onze God, zoals Hij geopenbaard is in Jezus Christus, nam het initiatief om ons te ontmoeten. En Zijn initiatief werd

niet beperkt tot het maken van de eerste stap. Hij deed er alles voor om ons met Hem te verzoenen. Dat betekent dat Hij alles wat tussen de mens en God in stond, iedere overtreding en elke zonde, op Zich nam.

Dus iemand aan Christus voorstellen is niet gericht op wat deze persoon moet doen, zeggen, bidden of voelen, maar is in plaats daarvan gebaseerd op wat God heeft gedaan! Rom 12: 2 (Message Vertaling) zegt: 'Omarmen wat God voor je doet is het beste wat jij voor Hem kunt doen.'

2. DE GOD DIE DICHTBIJ IS

Er is niets zo aantrekkelijk als een bewustzijn van de persoonlijke aanwezigheid van God. Wat een vertrouwen kunnen we hebben als we met mensen praten en weten dat de Ene waarover we spreken, het behoud van hun bestaan is! Hij staat achter hen, zelfs als zij niets over Hem weten. Iedere cel en atoom in hun lichaam bestaat door Hem en voor Hem.[1]

Geen wonder dat als Paulus in Handelingen 17 spreekt tot ongelovige heidenen, hij nog voordat ze op zijn boodschap kunnen reageren, zegt: "Hij is niet ver van ieder van ons… In Hem leven wij, bewegen wij en bestaan wij… Want wij zijn ook van Zijn geslacht."

'Laat uw vriendelijkheid bij alle mensen bekend zijn. De

---

[1] 1 Kor. 8:6; Kol. 1:16-17; Hebr. 1:3

Heer is nabij.'[2]
Wij mogen aan iedereen die 'nabijheid van God' laten zien zodat ze zich er zelf bewust van worden.

In Jezus Christus heeft God de vereniging laten zien tussen Zichzelf en de mens zoals Hij altijd al van plan was. In deze vereniging is geen enkele afstand tussen de mens en God. Wij brengen een bewustzijn van de nabijheid van God en de intimiteit met God als we het evangelie vertellen. Zo'n bewustzijn is het geloof. Geloof is je bewust zijn van hoe God over je denkt.

3. Ontmoeting met de heilige Geest

Als we iemand aan Christus voorstellen is het in eerste instantie geen fysieke, emotionele of intellectuele introductie, maar een geestelijke ontmoeting met geestelijke werkelijkheid. Deze ontmoeting zal zeker je emoties, intellect en fysieke bestaan raken, maar de bron is geestelijk. [3]

Onthoud dat God er was voordat tijd en ruimte bestonden. Zoals we eerder al zagen, houdt Hij de hele schepping in stand, maar we moeten nooit ons begrip van Hem beperken tot iemand die uitgelegd of begrepen kan worden in fysieke termen. Met andere woorden: Hij vult inderdaad de hele schepping, maar Hij kan door de schepping niet vervat of

---

2   Fil 4:5
3   1 Kor. 2:1-6

beperkt worden.

Ik zeg dit omdat we vaak ons begrip van 'kennismaken met Christus' beperken tot een fysieke beschrijving. Het wezen van God en de geestelijke wereld waarbinnen Hij opereert is een werkelijkheid die oneindig veel grootser is dan het fysieke. Daarom dagen sommige uitspraken van Jezus ons begrip van tijd en ruimte ook zo geweldig uit.

Hij zegt bijvoorbeeld: "Vóór Abraham geboren was, BEN IK." (Joh. 8:58) In ons lineaire tijdsbegrip zou deze uitspraak grammaticaal onjuist zijn.

Bij een andere gelegenheid zei Hij: "Op die dag zul je weten dat Ik in Mijn Vader ben, en jij in Mij en Ik in jou."[4] In ons driedimensionale begrip van ruimte, snappen we zo'n uitspraak niet. Drie entiteiten die tegelijkertijd dezelfde ruimte bezetten... Terwijl ze beide zowel de houder als de inhoud zijn... Onbegrijpelijk.... In de fysieke wereld.

Als we dit evangelie verkondigen, kunnen we erop vertrouwen dat er iets wat veel wijzer is dan de menselijke logica, en iets dat mysterieuzer is dan bovennatuurlijke tekenen, plaatsvindt in de toehoorders. We hebben alle redenen van de wereld om te verwachten dat God zichzelf zal openbaren! Verwacht een ontmoeting met Zijn Geest die verder gaat dan de vijf zintuigen. Verwacht dat God door Zijn Geest zal openbaren 'wat geen oog heeft gezien en geen oor heeft gehoord en in geen mensenhart is opgekomen.'[5]

---

4   Joh. 14:20
5   1 Kor. 2:9

Wat openbaart deze ontmoeting met Gods Geest?
'Wij hebben de Geest van God ontvangen opdat wij gaan realiseren en bevatten welke gaven en zegeningen God ons in zijn goedheid geschonken heeft in' (1 Kor 2:12)

Paulus verhaalde eens als volgt over wat Jezus hem opdroeg te doen: "Ik zend u nu, om hun ogen te openen en hen te bekeren van de duisternis tot het licht en van de macht van de satan tot God, opdat zij vergeving van de zonden ontvangen en een erfdeel onder de geheiligden door het geloof in Mij." (Hand. 26:18)

Wat betekent het anders voor iemand om Christus te aanvaarden dan de ogen te openen; van de duisternis in het licht te komen! Door het openen van de ogen wordt ontvangen en beseft wat zo gul gegeven is.

4. *Ontmoet jezelf!*
In de ontmoeting met Christus Jezus ontmoeten we Degene die ons gemaakt heeft, ons bedoeld heeft, ons gekozen heeft en ons intiem kent. Misschien moeten wij nog veel leren over Hem, maar Hij weet alles over ons. En veel van wat wij kunnen leren over Hem zal gevonden worden in wat Hij weet over ons. Christus openbaart Zichzelf altijd 'als in een spiegel' en niet als een afgescheiden entiteit. (2

Kor. 3:18) Hij openbaart Zichzelf als het geheim van jouw ware leven. (Kol. 3:3-4) Dus wanneer je Christus ontmoet, ontmoet je jezelf voor de allereerste keer. Je ontmoet de Auteur en Vervolmaker van je eigen ontwerp.

Dit betekent praktisch gezien dat wanneer ik iemand over Christus vertel, er geen conflict is tussen spreken over wie Christus is, en spreken over wie zij door Hem geworden zijn. Jakobus zegt dat wanneer dit woord gehoord wordt, het is als een man die het gezicht van zijn geboorte in de spiegel ziet. (Jak. 1:23)

Deze ontmoeting wordt zo prachtig beschreven in Psalm 17:15 'Ik echter zal in gerechtigheid Uw aangezicht aanschouwen; ik zal, wanneer ik ontwaak, verzadigd worden met Uw beeld.' De Godheid van Jezus Christus herkennen kan niet los staan van het herkennen van Zijn beeld en gelijkenis in jou. Jij hoort bij Hem omdat Hij je maakte en verloste! Ontwaak in Zijn werkelijkheid; in Zijn gelijkenis in jou!

Jij bent deel van Gods geschenk… aan jou! Pak jezelf uit, ontdek jezelf, aanvaard jezelf en wees dankbaar voor zo'n weloverwogen geschenk.

Meditatie:

'Hij is niet ver van ieder van ons. Want in Hem leven wij, bewegen wij ons en bestaan wij.'
Hand. 17:27-28

Bevestiging:

God kan en wil Zichzelf graag door mij heen openbaren, om de waarheid van Zijn nabijheid en Zijn liefde te openbaren. Ik ken de waarheid over ieder ander mens. Daarom worden ze tot mij aangetrokken. Door mij kunnen zij de waarheid over zichzelf ontdekken.

Gesprek:

- Bespreek de boodschap van Paulus aan de ongelovigen van Athene. (Handelingen 17)
- Hoe verschilt de benadering van Paulus van wat jij in het verleden hebt meegemaakt?

Opdracht:

Schrijf een stukje waarin je vertelt hoe 'het voorstellen van iemand aan Christus' tegelijkertijd een kennismaking met hun eigen ware identiteit is.

WEEK 23
Geloof

In Christus Jezus wordt de mensheid geconfronteerd met de realiteit van onze verlossing.[1] De boodschap van Christus is niets minder dan het zichtbaar maken van Gods werkelijkheid: de waarheid zoals Hij die ziet. Wat Christus volbracht heeft, is niet potentieel of theoretisch werkelijk en heeft niet alleen een wettelijke waarde. Het is eenvoudigweg de werkelijkheid!

Hij is de ultieme vertegenwoordiging van God[2] en de ultieme vertegenwoordiging van de werkelijkheid van de mens. Wat Hij heeft volbracht, is niets minder dan de verzoening tussen God en de mens. Jij was in Christus, in Zijn dood, in Zijn opstanding en in Zijn Hemelvaart. In Christus word je geconfronteerd met de werkelijkheid van je verlossing.

Toen het Woord vlees werd, toen God mens werd, toen de Schepper onderdeel van de schepping werd, bond Hij Zichzelf onscheidbaar aan ons. Ons bestaan is door deze daad veranderd! We kunnen onszelf niet langer los zien van deze gebeurtenis, noch kunnen we God los zien van Zijn initiatief om één met de mens te worden.

---

1 1 Tim. 4:10; Ef. 1:13
2 Heb. 1:2-3

Zijn dood was onze dood. Toen wij samen met Christus zijn gestorven, kwamen onze schuld en zonde tot hun definitieve einde, hun laatste oordeel. De relatie tussen de mens en de zonde werd verbroken in Zijn dood en onze lei werd schoon gewist. Elke aanklacht tegen ons en de schuld die we hadden, werd volledig betaald. Het verleden met al zijn schuld en onvolmaaktheid werd in Zijn dood verteerd.

Wij zijn samen met Christus opgestaan. We zijn hersteld tot de mannen en vrouwen die Hij vanaf het begin in gedachten had: de zuivere en onschuldige maatjes die Hij zich voorstelde. We zijn vrij om ons ware zelf te zijn, zonder conflict of tegenstrijdigheid. In Zijn opstanding zijn we hersteld en overgezet in Gods werkelijkheid: het koninkrijk van het licht. De tijd zelf is verlost als God en de mens elkaar van aangezicht tot aangezicht ontmoeten in de opgestane Jezus Christus. Hij is eeuwig aanwezig – de nieuwe werkelijkheid van mijn bestaan.

Wij zijn niet alleen met God verenigd in Zijn dood en verrijzenis, maar we zijn ook met Hem opgeheven in de hemelse gewesten. De hemelvaart is de verheerlijking van de mens naar de plaats en positie die Hij voor ons heeft bereid: blijvende vereniging met Hem.

Dit alles komt van God. Hij heeft het volbracht, zonder

onze hulp en zonder onze toestemming. Het is waar, of we het nu (h)erkennen of niet. Zoals Paulus zegt: "We kunnen niets doen tegen de waarheid, maar wel voor de waarheid." (2 Kor. 13:8)

Geloof en Besluit

Maakt het dus uit wat we geloven?
Absoluut!
Door geloof wordt het voordeel van de waarheid vrijgezet. (Heb. 4:2) Je kunt door blijven leven in onwetendheid en zo de vreugde mislopen van wat God voor ons heeft gedaan. Je kunt door blijven leven op eigen kracht en inspanning en de plaats van rust die Hij heeft bereid niet kennen. Daarom vernieuwt Hij nog steeds dagelijks de belofte door te zeggen: 'Vandaag, als u Mijn stem hoort, verhard dan uw hart niet.' (Heb. 4:7)

Een belangrijke vraag is hoe dit geloof wakker wordt gemaakt en hoe de mens tot die beslissing gebracht moet worden.

Ef. 1:13 noemt deze boodschap het 'Woord van de waarheid, het evangelie van uw redding.' Dit evangelie is in de allereerste plaats een verkondiging van de waarheid zoals God die kent. Het is de verkondiging van Zijn overtuiging. Hierin word je geconfronteerd met de werkelijkheid van je redding in Christus Jezus.

Rom. 1:17 laat zien dat in het evangelie 'de gerechtigheid van God daarin wordt geopenbaard van geloof tot geloof.' Het is van Gods geloof tot ons geloof. Luister naar hoe de Mirror vertaling het zegt: 'Het geheim van het Evangelie is dit: God heeft het in Christus rechtgezet; de rechtvaardigheid van God betekent dat wat gebeurde in Christus, ook met ons gebeurde. Zijn geloof doet ons geloof ontbranden. (Van geloof tot geloof). Hij is overtuigd van de mensheid en nu overreedt Hij ons om te geloven wat Hij kent als waarheid over ons. De profeten schreven al over dit gerechtvaardigde leven, dat gebaseerd zou zijn op geloof en niet op persoonlijke prestaties.'

Zijn geloof ontsteekt ons geloof! Daarom kon Paulus zeggen: 'Voor zover ik nu in het vlees leef, leef ik door het geloof van de Zoon van God.'[3] Geloof is niet iets wat we zelf opwekken. Het geloof van God is ingesloten in de verklaring van het evangelie. We kunnen het ontvangen of verwerpen, maar we kunnen het nooit ongeldig maken of vervangen met onze eigen overtuigingen.

Wanneer men de werkelijkheid gepresenteerd krijgt van wat God voor en met de mens in Christus Jezus gedaan heeft, verwijdert dat niet de noodzaak om te geloven, maar versterkt die juist. Als we de werkelijkheid van Gods mening

---

[3] Gal. 2:20

over ons zien, en hoe dat afsteekt bij de werkelijkheid van onze ervaring, ontstaat daaruit een confrontatie: willen we leven in Gods werkelijkheid, of door blijven gaan in de chaos en misleiding van onze eigen overtuigingen.

We weten ook, dat wanneer iemand het woord hoort, hij het gezicht van zijn geboorte ziet.[4] Als we eenmaal de waarheid over onszelf gezien hebben, kunnen we die niet afwijzen zonder ons eigen bestaan af te wijzen.

Het moet benadrukt worden dat zelfs deze beslissing niet een mechanische formule is die je iemand op kan leggen. Deze beslissing is gebaseerd op het feit dat God een beslissing voor ons heeft genomen. Hij koos ons en liet zonder twijfel Zijn keuze in Christus zien. Het is Zijn keuze om één te zijn met jou, om met jou verzoend te zijn, om jou Zijn maatje te maken.

Het was Zijn keus om onze schuld en ons schuldgevoel te vernietigen. Het was Zijn keuze om ons te verenigen in Zijn dood en ons smetteloos en onschuldig te maken in Zijn opstanding. Het was Zijn vaste wil om ons samen met Hem op te heffen en samen met Hem neer te doen zitten in de hemelse gewesten. We kunnen toch alleen maar ook voor Hem kiezen, als we Zijn keuze voor ons beseffen!

---

[4] Jak. 1:23

Gods keuze werd getoond in de beslissende handeling die Hij deed in Christus Jezus. Hij besloot om Zichzelf aan ons te geven, om Zijn liefde over de mensheid uit te storten. In de menswording maakte Hij duidelijk dat het Zijn wil en doel is om verenigd te zijn met de mens. Het is op basis van deze keuze dat wij in staat gesteld worden om te kiezen voor Hem.

Wat gebeurt er dan wanneer iemand Christus ontvangt?

Christus ontvangen is gebaseerd op de waarheid dat Hij jou al 'ontvangen', omarmd en verzoend heeft. De schriften openbaren dat genade en redding aan ons gegeven werden voordat de tijd begon! (2 Tim. 1:9) Je werd ingesloten in het leven, de dood en de opstanding van Christus. En nogmaals, dit gebeurde voordat je geboren werd. Dus in zekere zin verandert er niets: we worden alleen wakker voor de werkelijkheid van God.

En dan verandert alles, want onze ogen worden voor de eerste keer geopend wanneer we Christus ontmoeten. De illusies en verdrukking van de duisternis verliezen hun greep. Gods werkelijkheid kan zich nu uitdrukken in jouw leven! Je begint jezelf te kennen zoals je altijd gekend bent. Als een zaad dat ontkiemt en vruchten afwerpt naar zijn eigen soort, zo wordt het DNA van God vrij gezet om het leven voort te brengen naar Gods aard, waarvan Hij wist dat het altijd al het jouwe was.

De gaven die Hij zo uitbundig geschonken heeft, kunnen nu voor de eerste keer bewonderd, genoten en gebruikt worden. Tijdelijke illusies worden vervangen door eeuwige waarheid. Leven, oorspronkelijk leven, breekt door de harde bodem van zelfopgelegde ideeën en meningen heen. Dit leven is spontaan, fris, nieuw en toch oorspronkelijk; het leven dat God voor jou ontworpen en bewaard heeft, nog vóór je conceptie.

Meditatie:

'Wij kunnen niets doen tegen de waarheid, maar wel voor de waarheid.'
2 Kor. 13:8

'...het oog gericht houden op Jezus, de Leidsman en Voleinder van het geloof.'
Heb. 12:2

Bevestiging:

Mijn geloof is niet blind. Het ziet een grotere werkelijkheid dan de fysieke werkelijkheid. Mijn geloof is niet ontstaan in mijzelf: Jezus is zowel de oorsprong als de voleinding van het geloof. Hij overtuigt mij van waarheid.

Gesprek:

- Bespreek het feit dat de waarheid waar was, nog voordat wij het geloofden.
- Bespreek het concept 'van geloof tot geloof'. (Rom. 1:17)

Opdracht:

Schrijf een stukje waarin je uitlegt hoe geloof de voordelen van de waarheid vrijzet en gebruik daarbij het voorbeeld uit Hebr. 4:1-10.

WEEK 24
DE VLEESWORDING GAAT DOOR

'Ik dank mijn God altijd voor u, vanwege de genade van God die u gegeven is in Christus Jezus. U bent namelijk in alles rijk geworden in Hem, op elke mogelijke manier, in heel de volheid van wat gekend en begrepen kan worden en u bent in staat om er volledig uitdrukking aan te geven. Net zoals het bewijs van Christus bevestigd werd in u, heeft u in uzelf het bewijs dat Hij is! U hebt nergens een tekort – U bent volledig gekwalificeerd. U mag zonder meer verwachten dat de Heer Jezus Christus door u heen zichtbaar gemaakt wordt. Hij zal ook uw onberispelijkheid bevestigen tot het einde toe, op de dag van onze Heer Jezus Christus.'
(1 Kor. 1:4-8 WMF vertaling)

Vers 5: … in alle uitingen (woord) en alle kennis (gnosis). Dezelfde logos waar Johannes over schreef, de logos (woord) die in het begin bij God was, en God was, de logos die vlees werd in de persoon van Jezus Christus. Dit is dezelfde logos waarmee wij rijk geworden zijn. Hij heeft ons verrijkt met alles van Hemzelf! Niet alleen maar een stukje of een fragment, maar alles wat Hij is, werd in jou gelegd. Dezelfde logos die vlees werd in Christus, wordt nu vlees in jou. Kol. 2:3 spreekt over alle schatten van wijsheid en kennis die in Hem verborgen zijn. Als je Hem hebt, heb je alle schatten van wijsheid en kennis!

Deze verrijking, deze onmetelijke uitstorting is niet bedoeld om rustig, onzichtbaar en onverstoord diep in jou te blijven. We hebben alle reden om te verwachten dat Christus zichzelf door ons heen uitdrukt. Een uitdrukken die net zo vol en duidelijk is als de logos die in ons is uitgestort. Hij verwacht dat Zijn DNA, van waaruit jij geboren bent, Zijn God-gelijke leven zal voortbrengen in en door jou. Voor God is er geen reden om een mindere uitdrukking van Zijn leven in jou te verwachten dan in Jezus. Je hebt nergens een tekort, je bent volledig gekwalificeerd. Je mag zonder meer verwachten dat de Heer Jezus Christus door jou heen zichtbaar gemaakt wordt.

De openingszin van het boek Handelingen is zo verhelderend. Lucas schrijft: 'over alles wat Jezus begonnen is te doen én te onderwijzen." (Hand. 1:1) Jezus begon iets wat nu doorgaat in ons. In Handelingen 3 lezen we het verhaal van Petrus en Johannes die op weg naar de tempel een lamme tegenkomen. Dit gebeurde kort na de hemelvaart van Christus. Je kunt je voorstellen dat Petrus zou kunnen zeggen: 'Het spijt me, je hebt Hem net gemist. Als Jezus nog maar bij ons was geweest, dan hadden we je nog iets kunnen bieden.' Petrus geeft ook niet het spirituele advies dat we al zo vaak gehoord hebben: 'Kijk niet naar ons; kijk naar Jezus!' Nee! Petrus zegt: "Kijk naar ons." (Hand. 3:4) en vervolgens geneest hij deze man!

Petrus en Johannes begrepen dat wat Jezus begon niet ophield bij Zijn hemelvaart. Ze begrepen dat dezelfde Logos, dezelfde persoon die gemanifesteerd werd in Christus Jezus, nu in hen een thuis gevonden had. Ze begrepen dat de vleeswording doorgaat;
dat God Zichzelf heeft verenigd met de mens. Dat Zijn gedachte en persoon Zich blijft uitdrukken in hen die de eenheid aanvaarden die Hij bewerkstelligd heeft in Christus.

MEDITATIE:

'Je hebt nergens een tekort – je bent volledig gekwalificeerd. Je mag zonder meer verwachten dat de Heer Jezus Christus door jou heen zichtbaar gemaakt wordt.'
1 Kor. 1:7 (WMF vertaling)

BEVESTIGING:

Gods geïnspireerde gedachte... Zijn logica... Logos... heeft een thuis gevonden in mij! Door mij heen kan God Zijn gedachte uitdrukken. ik ben Zijn gedicht.

Gesprek:

- Bespreek de betekenis van Johannes 1:1 in relatie tot 1 Kor. 1:5. Dezelfde Logos die vlees werd in Christus Jezus, is in jou!

Opdracht:

Schrijf een stukje waarin je het feit viert dat hetzelfde Woord dat vlees werd in Christus, in jou is geïnvesteerd.

WEEK 25
ONTDEK EEN GROTE SCHAT

Paulus sprak over een schat in aarden kruiken.[1] In een andere brief schreef hij over 'de rijkdom van de heerlijkheid van Zijn erfenis in de heiligen.'[2]

Jezus sprak over dezelfde schat toen Hij zei: "Het koninkrijk der hemelen is ook gelijk aan een schat, in de akker verborgen, die iemand vond en verborg: en van blijdschap daarover gaat hij heen en verkoopt alles wat hij heeft, en koopt die akker."[3]

God heeft alles wat Hij heeft, alles wat Hij is, in de mens geïnvesteerd. Zijn schat, Zijn erfenis is nergens anders te vinden dan in de mens. Het beeld en de gelijkenis van onze Schepper geven iedere mens waarde. Spreuken heeft het over de wijsheid van God die was in het begin. Dezelfde wijsheid waarover Johannes schreef toen hij zei dat het Woord vlees geworden was in de persoon van Christus. Dit is wat spreuken zegt over deze Wijsheid: 'Was Ik bij Hem als een meester, Ik was dag aan dag Zijn bron van blijdschap, te allen tijde spelend voor Zijn aangezicht, al spelend in de wereld van Zijn aardrijk. Mijn bron van

---

[1] 2 Kor. 4:7
[2] Ef. 1:18
[3] Mat. 13:44

blijdschap vond Ik in de mensenkinderen.' (Spreuken 8: 30-31 vrij vertaald en HSV)

God heeft altijd vreugde en blijdschap gevonden in de mensenkinderen! Als Gods erfenis in de mens is, als Hij in de mensheid een schat zag waarvoor Hij de hoogste prijs betaalde, dan kunnen wij geen grotere waarde, geen grotere schat vinden dan waar Hij die vindt. De grootste vreugde, blijdschap en schat ligt verborgen in de eerstvolgende persoon die je ziet!

Door deze kennis werd Paulus geïnspireerd toen hij schreef dat toen het God behaagd had Zijn Zoon in hem te openbaren, hij het van het grootste belang achtte om Hem (Christus) aan de volken te openbaren.[4] 'Dit mysterie is lang verborgen geweest, maar nu is het geopenbaard. God wilde dat iedereen, niet alleen Joden, dit rijke en heerlijke geheim helemaal zou kennen. Daarbij maakt het niet uit wat je achtergrond of religieuze standaard is. Het mysterie is, kort gezegd: Christus is in je, en daarom mag je delen in de glorie van God. Zo simpel is het.' (Kol. 1:26-27 Message Vertaling)

Christus herkennen. Gods oorspronkelijke ontwerp en de blauwdruk van de mensheid. Gods beeld en gelijkenis in vleselijke vorm. Dát is wat Paulus aanzette om meer te

---

[4] Gal. 1:16

doen dan alleen zijn plicht en iedere mens te onderwijzen over hun volmaaktheid in Christus Jezus.

Ik vind het prachtig zoals de Mirror Vertaling dit verwoordt: 'Dit geheim was eeuwenlang en generaties lang verborgen, maar is nu volledig werkelijkheid geworden in onze herstelde onschuld voor Hem. (God weet welke minerale rijkdom Hij met het oog op de mens in de aarde legde) op dezelfde manier kijkt Hij nu vol verwachting uit naar de ontvouwing van de rijkdom van de ultieme schat in alle volken en dat is: Christus in jou! De openbaring van Zijn inwoning is de vervulling van Zijn droom voor jou. Dit is de kern en de focus van onze boodschap; we maken de geest van iedere mens wakker en onderwijzen ieder individu en brengen hen tot volledige verlichting zodat we de gehele mensheid kunnen laten zien als zijnde volmaakt (zonder tekortkoming en volledig bekwaam) in Christus. Om dit te bewerkstelligen, span ik me bovenmate in en strijd ik, met alle kracht waarmee Hij mij machtig inspireert.'
(Kol. 1:26-29).

Ik denk dat de hele motivatie van Paulus samengevat wordt in Ef. 3:9: "...en allen te verlichten, opdat zij mogen begrijpen wat de gemeenschap aan het geheimenis inhoudt, dat door de eeuwen heen verborgen is geweest in God, Die alle dingen geschapen heeft door Jezus Christus.'
Wat hij zag, inspireerde hem zo dat hij dat aan alle mensen

wilde overbrengen en er alles voor over had om anderen te helpen Christus in zichzelf te zien en zichzelf in Christus.

Eeuwige erfenis

Onze erfenis is zoveel meer dan een paar extra's die we krijgen voor het dienen van God! Onze erfenis is precies hetzelfde als Gods erfenis, namelijk: de schat binnenin de mens. Ik moedig je aan om deze schat in mensen die dichtbij zijn en mensen die ver weg zijn, te ontdekken. Beperk je leven niet tot je taakomschrijving; beperk je leven niet tot een of ander religieus concept van speciale gaven en roepingen.

Een onderdeel van de vreugde van het vinden van een grote schat is het najagen ervan, de reis, het avontuur van ernaar zoeken buiten je vertrouwde comfortzone. 'Vraag Mij wat Je wilt en Ik zal Je alle volken in bezit geven, de einden der aarde als Je bezit.' (Ps. 2:8 Het Boek en HSV)

God heeft een verborgen schat voor ieder van ons uit alle volken. Hij ziet de impact ervan op je leven, dat zich onbedwingbaar uitbreidt, verder dan je directe omgeving. Jouw erfenis is niets minder dan de einden der aarde. Moeder Teresa werd eens gevraagd waarom ze de armste van de armen wilde dienen en ze antwoordde onder meer: "Om Christus te ontdekken in de meest erbarmelijke vermomming!"

MEDITATIE:

'Vraag Mij wat Je wilt en Ik zal je alle volken in bezit geven, de einden der aarde als Je bezit.'
Ps. 2:8 (Het Boek en HSV)

BEVESTIGING:

Ik draag het licht van de openbaring van Christus: de schat die elke mens toebehoort. Hem kennen en Hem bekend maken, inspireert mijn leven. God daagt me uit om Hem om de volken te vragen... Geef me de volken Heer!

GESPREK:

- Wat is jouw erfenis?
- Wat is de grootste schat?

OPDRACHT:

Schrijf een door jou bedacht verhaal waarin een hele stad zich tot God bekeert vanwege jouw getuigenis daar. Er staan een paar voorbeelden in het boek Handelingen van hele steden en regio's die op hun kop werden gezet door het getuigenis van gelovigen.

The online 'Word Made Flesh' course includes the following:

- A hard-copy of the course (this book)
- Access to all the modules online.
- Audio downloads of the lessons.
- Access to an online class, consisting of other students.
- Assignments are done as discussion topics, allowing for interaction with other students.
- The discussions within a class are private, meaning that it is only visible to those registered for the course. Individuals are obviously free to republish content with the permission of the authors of that content.
- The weekly schedule and discussions contributes to a focussed experience.

The online course is available here:

ginomai.org

www.ingramcontent.com/pod-product-compliance
Lightning Source LLC
Chambersburg PA
CBHW051834090426
42736CB00011B/1806